静岡しあわせのランチ

こだわりの味と空間を愉しむ

Thank you for the amazing time.

ふじのくに倶楽部 著

Mates-Publishing

静岡しあわせのランチ

CONTENTS

Special

心癒されるランチ

ちょっと一味違う お蕎麦屋さんへ

中華

その他

本書の使い方

How to use

静岡市葵区

GENTILE

ジェンティーレ

イタリアン

季節の食材で彩る
地産地消の静岡イタリアン

静岡市の街中に静かにたたずむ、隠れ家的なイタリアン。オーナーシェフの青木優さんは県外出身。19歳から料理の道に進み、修行の兼ね合いで静岡へ移住したのち、静岡食材のおいしさに気づいたのだとか。その素材の良さを活かすために、シンプルな味付けを心がけ、低糖質でヘルシー志向の「静岡イタリアン」をテーマに掲げている。

「おもてなしを大事にしたいので、なるべく予約をしていただいて、コースをじっくり味わっていただけたら」と語る青木さん。メニューには気軽に選べるアラカルトもあるが、その真骨頂を味わうなら、やはりシェフに任せるのがおすすめ。農家から直接仕入れた季節野菜を活かした前菜、乳製品を使わず魚のダシを効かせたスープ、アルデンテのパスタなど、青木さん渾身の「静岡イタリアン」をのんびり満喫してほしい。

❶ 店名

取材に協力していただいたお店の正式名称を入れています。

❷ 料理のジャンル

お店でいただける料理を、おおまかなジャンルで色分けし、見やすくしています。

❸ 写真

実際にお店で食べた料理や店内などを撮りおろした写真です。写真の傍に説明が入れられなかったものに関しては、写真についている番号とリンクさせて内容を説明しています。

❹ 本文

実際にお店で食べて取材した内容を記載しています。季節によって料理の内容が変わる場合があります。

⑤ おすすめMenu

主なメニュー内容や、その他のおすすめメニュー、料金の目安などを記載しています。金額は基本的に税別、サービス料金別の表示です。料理名の表記は基本的にお店での書き方に合わせています。

※取材時期の関係上、料理や価格の表記・表現にゆれがありますことご承知下さい。

⑥ 外観

お店の外観や看板です。目印に使ってください。

⑦ ショップDATA

店名、住所、電話番号、定休日、駐車場、URLなどを記載しています。またお店の詳しい情報として、座席数、禁煙、予約の有無、クレジットカードが使えるかなどがここで分かります。

⑧ アクセスMAP

お店へ行くまでの地図を入れています。近隣の道や目印を簡略化してあります。

ランチのコース一例。香り豊かな富士宮産マッシュルームを散りばめた、静岡産釜揚げシラスとフレッシュトマトのパスタ、肉料理に前菜、スープ、デザートまで付いて4400円

おすすめメニュー
ランチコース　4,400円

ランチタイムの料金の目安 1,500円～
ディナータイムの料金の目安 6,600円～

1_富士宮産「しあわせ豚」の旨みたっぷりのロースト　2_静岡産抹茶を活かしたパンナコッタ。前菜にも四季の地野菜をふんだんに使用　3_魚のダシにトウガン、トマトを効かせたやさしい味わいのスープ　4・5_記念日にもおすすめのアットホームな空間

GENTILE

静岡市葵区両替町1-3-39 MA館B1
℡054-255-5577
営11:30～14:00(13:30LO)、18:00～21:00(LO)
休木曜　P近隣有料P利用
HPinstagram@gentileshizuoka

【席数】カウンター4席、テーブル10席
【煙草】不可
【予約】ある方がベター　【CARD】可
【アクセス】JR静岡駅から徒歩10分

本書に記載してある情報は、すべて2024年10月現在のものです。お店の移転、休業、閉店、またメニューや料金、営業時間、定休日など情報に変更がある場合もありますので、事前にお店へご確認の上、お出かけ下さい。

静岡

しあわせのランチ

こだわりの味と空間を愉しむ

久しぶりのランチ本。
しばらく外出を控えていた人も、そろそろ自由に外で食事を楽しみたい頃。
地元のレストランは創意工夫で頑張っています。
いいレストランを応援するには、好きなお店に出かけて味わうのが一番。
それが、街も人も元気にしてくれます。
こだわりの味と空間を楽しめる、幸せな気持ちにさせてくれる、
そんなランチを味わってみてください。

静岡市葵区

イタリア料理 La Rufina

イタリアりょうり ルフィナ

3,850円のランチコースは、前菜の盛り合わせ、スープ、パスタ2種、ドルチェ＆カフェ。5,280円のコースはこれにメインディッシュが加わる

食材の個性を引き出し昇華させ、美食に仕立てる

御前崎港・焼津港・小川港で水揚げされた鮮魚、富士宮・掛川・磐田・袋井の野菜、浜松の峯野牛、富士山The幸の豚。これらの静岡食材にイタリア食材を掛け合わせ、シンプルに食材の良さを際立たせた料理をつくる柿山シェフ。「イタリアの伝統的な手法は大事にしながら、そこにオリジナル感を加えている」と話す。たとえば、富士宮・長谷川農産ブラウンマッシュルームを使ったフェデリーニは、傘が開くくらいしっかり成熟させたマッシュルームをミンチにして3〜4時間かけて煮込み、水と塩とオリーブオイルだけでソースに仕立てている。それをパスタに絡ませ、上からフレッシュなマッシュルームを薄くスライスして花びらのようにまとわせる。鼻に抜けるような香り、そしてコク。食材や季節によって構成は変わるが、メニューに並んでいたらぜひオーダーしてほしい。

1_富士宮産生落花生とイタリアの羊のリコッタチーズを合わせた、北海道かぼちゃのスープ。牛乳不使用で味付けは塩とオリーブオイルだけと実にシンプル　2_ソムリエの資格も持つ柿山シェフ　3_前菜の盛り合わせの一例。生ハムと静岡産いちじく、真イワシのマリネ、ナスのカポナータ　シチリア風、アメーラトマトと水牛のモッツァレラチーズのカプレーゼ、御前崎港より鮮魚のカルパッチョなど

2

1

3

6

4

5

4_ワイングラスの種類でワインの味は変わると言われているほどで、ワインに合わせたグラスをチョイスして提供　5_シェフと会話もできるカウンター席は人気がある　6_落ち着いた雰囲気の内観

おすすめメニュー

ランチコース　3,850円／5,280円／7,920円
ディナーコース　8,300円～
ディナーはアラカルトもあり

ランチタイムの料金の目安　5,000円～
ディナータイムの料金の目安　10,000円～

イタリア料理　La Rufina

静岡市葵区伝馬町9-15 リベルテヒラノ1-A
☎054-293-6603
🕒12:00～14:30（LO13:00）、18:30～22:30（LO20:30）
休日曜、火曜夜、不定休あり　P なし
HP Instagram @rufina_shizuoka
【席数】テーブル16席、カウンター4席
【煙草】全席禁煙
【予約】要予約
【CARD】可　電子決済可
【アクセス】静岡鉄道新静岡駅から徒歩3分

静岡市葵区

ibrido

イブリド

五感が刺激される空間で
本場イタリアのシンプルな料理を

1・2_カウンター席に座るのもおすすめ。手際よく料理が作られていくのを見ているのも楽しい。 3_熟成美豚骨付きロースのオーブン焼き。サツマイモのピューレといちじくの赤ワインソースと自家製マスタードを添えて。じっくりと焼き上げ、甘みを感じる豚肉

個性的な飲食店が次々と店を構える人宿町。その中でも特に活気溢れる店の一つがイブリドだ。オーナーの菊地輝洋さんは、20歳で何のつてもなくイタリアに渡った。働く店を見つけることから難航したが、飛び込みで入った店で皿洗いからスタート。トスカーナやシチリアなどのレストランで料理人として苦労をしながら経験を積み、実力をつけた。イブリドの開放感あるオープンキッチンは生き生きとしている。定番のシンプルなトマトソースのパスタ、旬の野菜や魚、市内の精肉店「サイトウ・ビアンデ」のすんぷ熟成美豚や新潟越の鶏などを使ったシンプルな料理が手際よく調理され、絵を描くようにお皿に盛り付けられていく。仕入れによってメニューが変わるので、行く度に新しいメニューに出合えるのも魅力だ。洗練された店内には、菊地さんの絵画も飾られ、さりげなくアートに触れられる。まさに五感が刺激されるレストランだ。

4_茄子の自家製ジェラートに落花生とチョコレートをあわせた。なめらかな食感と控えめな甘さで、食後にぴったりのジェラート。季節の野菜のジェラートはイブリドの定番メニュー　5_2024年冬で6年目に入るイブリド。「料理のこだわりは特にない。身の回りの食材で、自由に、いかに楽しく料理をするか」と語る菊地さん　6_ピアノを弾くことも好きな菊地さん。ピアノも絵も独学。自由に、それでいて巧みに表現する。菊地さんの絵はファンが多く、2023年には静岡伊勢丹で個展が開かれた　7_大きな窓から光が差しこむ。木を基調としたシンプルで洗練された店内。窓を開けるとさらに開放感が増す。お子様連れも歓迎

5

4

7

6

シンプルなトマトソースのスパゲティー。オープン以来、菊地さんがつくり続ける一皿。太めの麺とトマトソースがからみ、トマトとチーズの旨みを堪能できる一品。皿には菊地さんの絵があしらわれている。トマトソースと粉チーズは同店近くの系列店でお惣菜専門店の「クアンティスティコ」(葵区駿河町)で購入できる。

おすすめメニュー

Pranzo B 2,500円
(季節のサラダ/自家製パン/パスタ/メイン)
メニュー内容は季節や仕入れにより予告なく変更する場合があります。

ランチタイムの料金の目安　2,500円～
ディナータイムの料金の目安　5,500円～

ibrido

静岡市葵区人宿町2-6-12
054-260-5505
11:00～14:00、18:00～21:30
休火曜(臨時で連休となることが月1回あり)
Pなし(近隣にコインパーキングあり)
HPhttps://ibrido.owst.jp/
【席数】カウンター8席、テーブル16席、個室2室(2～6名利用可)
【煙草】全席禁煙
【予約】前日までに予約がベター　【CARD】可
【アクセス】JR静岡駅から徒歩約17分

静岡市駿河区

Il Castagno

カスターニョ

海風を感じる古民家で
北イタリアの伝統料理を

右_伊豆天城堀江軍鶏のロースト野菜添えを、自家製葡萄ジャムのヨーグルトクリームソースで。骨付き軍鶏の胸肉にオクラとツルムラサキを包み、じっくりとロースト。軍鶏はほどよく柔らかく、旨みが閉じ込められている。地元産の西洋野菜の色彩も美しく、自然の恵みの力強さを感じる一皿

左_コンベクションオーブンで焼き上げる静岡椎茸と用宗シラスとアンチョビのパン粉焼き(手前)。パン粉はカリッとしているのに、肉厚な椎茸にしっとりと火が通っている。ブルスケッタ(奥)にもシラスと香味野菜がたっぷり

用宗海岸にほど近い古民家のレストラン。草木が茂る庭では、鳥のさえずりも聞こえる。店内は、大正時代の建物の古い柱や梁は残し、リノベーションした居心地の良い空間だ。

ランチ、ディナーともにアラカルト料理のみ。近隣の畑で作られた西洋野菜や用宗シラス、伊豆天城の堀江軍鶏や北海道産羊肉、熊本県産馬肉などの厳選した食材を丁寧に調理したメニューが並ぶ。北イタリアの伝統料理のラヴィオリは、イタリアで4年半修行したオーナーシェフの稲見謙司さんには欠かせない料理。カボチャのペーストなどを帽子状の生地で包み、バターとチーズのソースであえた絶妙な一皿だ。2人で来店するなら、前菜1〜2品、パスタ2品、メイン1品をシェアするのがおすすめ。ゆったりとした時間が流れる店内で、自然の恵みを存分に生かした料理を堪能。小旅行に行ったかのように心が満たされる店だ。

1_カボチャとリコッタチーズのペーストを、帽子状に包んだラヴィオリカペレッティ。ソースにはセージも効いている。カスターニョの看板メニューだ。プレートは掛川市のIvy Pottery
2_オーナーシェフの稲見さん。「目の前にいる人と会話をしながら食事を楽しんでほしい」と話す　3_数日おきに仕込むラヴィオリの生地。パスタマシンで均一に伸ばし、カットした生地にかぼちゃとリコッタチーズのペーストを包んでいく

4

5

おすすめメニュー（アラカルトのみ）

用宗港シラスとトマト、アンチョビ、
香味野菜のブルスケッタ　1,078円
カボチャのラヴィオリ　2,420円
伊豆天城堀江軍鶏のロースト野菜添え
6,160円

ランチタイムの料金の目安　5,500円～
ディナータイムの目安　8,000円～
＊2～3人で来店しシェアした場合

4_大きめのテーブルは藤枝市岡部町のオキーフファニチャーでオーダー。椅子はアンティークのもの。カスターニョとは、「栗の木」という意味。店内の床や建具にも栗の木材を使用している　5_入口付近にはイタリアの伝統焼き菓子「ビスコッティ」を販売するコーナーもある

Il Castagno

静岡市駿河区用宗4-8-24
📞054-659-2557　🕒11:30～14:30（最終入店12:30）、18:00～21:45（最終入店19:30）
休日曜、月曜、火曜の昼
P有（用宗駅前通りの魚屋「カネヒデ小林商店」の左横２台）
HPinstagram@osteria_il_castagno
【席数】最大18席
【煙草】店内外禁煙
【予約】当日まで可　【CARD】不可
【アクセス】ＪＲ用宗駅から徒歩３分

静岡市駿河区

KURAYA KATO

クラヤカトウ

メインの肉料理は静岡するが牛ヒレをはじめ県内産にこだわる。しらすや野菜など地元の食材をふんだんに取り入れた料理が、短いスパンで少しずつ入れ替わる

1世紀前の蔵で味わう
和洋を超えた特別なコース

重厚な白壁に瓦屋根。路地の奥に隠されていたように、一世紀近く時を刻んできた蔵の景色が広がる。古民家再生がブームになるより少し前、取り壊されかけていた蔵を丁寧に修繕してクラヤカトウは始まった。オーナーシェフの嘉藤淳さんはここを店にすると決めたとき、「おしゃれしてゆっくり特別な時間を愉しめる場所に」という思いから完全予約制というスタイルを選択。店名にシェフの名前を冠したのも、イタリアンやフレンチ、和食まで幅広くおいしいものを探究してきた嘉藤さんが、一つのジャンルに囚われない嘉藤流の料理でもてなしたいという心意気から。だからフォン・ド・ヴォーやソース、食後のアイスクリームまですべて手作り。付け合わせ一つにも趣向を凝らしながら奇をてらうことなく、シンプルに洗練されたコースが、特別な日を格上げしてくれる。

1_昭和5年に建てられた蔵を改修　2_オーナーシェフの嘉藤さんは婚礼コースや和会席など晴れの席の料理も幅広く経験してきた。お客様から「最初から最後までおいしい」と言われるのが嬉しいと照れくさそうに話す　3_「盛り付けは引き算」と、シンプルな美しさを追求　4_デザートは季節ごとの旬のフルーツを使って華やかに仕上げる　5_高い天井と古き良き風情を活かした店内は、ランチタイムもほの暗く、穏やかな雰囲気　6_メインは魚料理に変えることもできたり、両方ついたフルコースも人気

おすすめメニュー

ランチコース　3,900円／5,200円／6,400円

ディナーコース　6,000円／7,500円

ランチタイムの料金の目安　5,000円

ディナータイムの料金の目安　8,000円

KURAYA KATO

静岡市駿河区用宗3-5-33

054-260-4959

ランチ 12:00～／12:30～

ディナー（水・金・土曜のみ）18:00～／19:00～

休日曜、第3月曜、第1木曜

P7台（原則1組1台）

【席数】18席（未就学児はご遠慮いただいています）

【煙草】全席禁煙　【予約】完全予約制（電話）

【CARD】可、PAYPAY対応

【アクセス】JR用宗駅から徒歩5分、東名静岡ICから車で10分

静岡市葵区

GENTILE

ジェンティーレ

3

1

5

4

2

季節の食材で彩る
地産地消の静岡イタリアン

静岡市の街中に静かにたたずむ、隠れ家的なイタリアン。オーナーシェフの青木優さんは県外出身。19歳から料理の道に進み、修行の兼ね合いで静岡へ移住したのち、静岡食材のおいしさに気づいたのだとか。その素材の良さを活かすために、シンプルな味付けを心がけ、低糖質でヘルシー志向の「静岡イタリアン」をテーマに掲げている。

「おもてなしを大事にしたいので、なるべく予約をしていただいて、コースをじっくり味わっていただけたら」と語る青木さん。メニューには気軽に選べるアラカルトもあるが、その真骨頂を味わうなら、やはりシェフに任せるのがおすすめ。農家から直接仕入れた季節野菜を活かした前菜、乳製品を使わず魚のダシを効かせたスープ、アルデンテのパスタなど、青木さん渾身の「静岡イタリアン」をのんびり満喫してほしい。

ランチのコース一例。香り豊かな富士宮産マッシュルームを散りばめた、静岡産釜揚げシラスとフレッシュトマトのパスタ、肉料理に前菜、スープ、デザートまで付いて4400円

おすすめメニュー

ランチコース　4,400円

ランチタイムの料金の目安 1,500円〜
ディナータイムの料金の目安 6,600円〜

1_富士宮産「しあわせ豚」の旨みたっぷりのロースト　2_静岡産抹茶を活かしたパンナコッタ。前菜にも四季の地野菜をふんだんに使用　3_魚のダシにトウガン、トマトを効かせたやさしい味わいのスープ　4･5_記念日にもおすすめのアットホームな空間

GENTILE

静岡市葵区両替町1-3-39 MA館B1
☎054-255-5577
🕒11:30〜14:00(LO13:30)、18:00〜21:00(LO)
休木曜　Pなし(近隣有料P利用)
HPinstagram@gentileshizuoka

【席数】カウンター4席、テーブル10席
【煙草】不可
【予約】ある方がベター　【CARD】可
【アクセス】JR静岡駅から徒歩10分

静岡市駿河区

CALM

カーム

フレンチ出身のシェフが手がける
イタリアンをランチで気軽に

１９９４年に「レストランカーム」として営業していたお店を、大阪や静岡のホテル、フレンチ店、洋食店で腕を磨いた武川シェフが両親から引き継ぎ、２０２２年にリニューアルオープンした。フレンチの経験を生かし、四季折々の静岡食材と和の要素を取り入れたカジュアルイタリアンを展開。ランチはパスタランチ３種、メインランチ、ハンバーグランチを提供。いずれも自家製フォカッチャ、前菜盛り、ドリンクが付く。前菜のキッシュは評判が高く焼き加減、具材のバランスが絶妙でこれだけでもたくさん食べたくなる。ふわふわ食感の自家製フォカッチャは、料理のソースをつけて食べたくなる。妊婦への食材の気遣いなど、夫妻のやさしさが接客にも現れ、居心地よく過ごせるのもこの店の魅力のひとつだろう。日常使いから家族の記念日まで、気軽に利用したいレストランだ。

「ハンバーグランチ」2,145円。限定5食。これが食べたいと電話での問い合わせも多いメニュー

おすすめメニュー

お魚のディナー　4,400円
お肉のディナー　4,950円
お肉・お魚のフルコース　6,600円
ポルチーニクリーム（夜のみ）1,540円

ランチタイムの料金の目安　1,705円〜
ディナータイムの料金の目安　2,000円〜

1_「メインランチ」2,145円。この日のメインはミラノ風カツレツ。ふじのくにポークに、自家製フォカッチャの端の部分にチーズと合わせたオリジナルパン粉をつくり、焼き上げる。パン粉の香ばしさが食欲をそそる　2_「パスタランチ」1,705円。フレッシュバジルのジェノベーゼのパスタ　3_+385円でドルチェ付きに。昔ながらのプリン、ティラミスなどの日替わりで数種類用意。本格的なブリュレはお皿いっぱい食べたくなるおいしさ　4_ディナーコースの紅富士のコンフィ。アミューズ、前菜盛り6品、パスタ、フォカッチャ、メイン、デザート、飲み物がつく　5_あたたかみのあるカジュアルレストラン　6_武川シェフ。お店は奥さまとふたりで切り盛りする

CALM

静岡市駿河区下川原2-24-15
054-270-4949　11:00〜14:30（LO14:30）、17:30〜21:00（LO19:30）
休火曜、第2・4水曜、不定休あり　P6〜7台
HP https://r.goope.jp/calm1994/

【席数】テーブル18席、カウンター3席
【煙草】全席禁煙　【予約】ある方がベター ※夜のコースは前日までに要予約
【CARD】可　電子決済可
【アクセス】東名高速道路静岡I.C.より車で7分

焼津市

Dalpino

ダルピーノ

公邸料理人経験のシェフの料理をリーズナブルに

植松シェフは、箱根などのイタリア料理店で経験を積んだあと、フランスやハワイの日本国総領事館で公邸料理人として腕を振るった異色の経歴の持ち主。それでいてお店は気取らずに訪れられる雰囲気で、夫妻でもてなしてくれる。ランチAコースは地元野菜や駿河湾の鮮魚などを使った前菜の盛り合わせ、スープ、パスタ、デザート&飲み物。これにメイン料理が加わったBコースもある。注目はハワイでの公邸料理人時代に開発した、デザートのハワイアンパンケーキ。ベーキングパウダーを使わず、メレンゲだけでふわっとさせたスフレタイプで、口当たりがよく軽い食感。極限までふわふわを追求しており、現在に至るまで改良に改良を重ねている。これを目当てに来る方が多い人気の一品だ。焼津駅近くでカウンター席もあるのでおひとり様ランチにもおすすめ。

さまざまな食感・味が楽しめる前菜5種類（エビとヒラメのフリット、タルタルソース。自家製ピクルス、焼津産のマグロと真鯛のカルパッチョ、ラビゴットソース。サーモンのタルタルと押し麦のサラダ仕立て、ハムとサラミの盛り合わせ）、パスタはアマトリチャーナ、選べるデザートのベイクドチーズケーキ

おすすめメニュー

ランチAコース 2,200円
ランチBコース 3,000円
スペシャルコース 5,500円（2名～）
ディナー4,500円・6,800円・10,000円

ランチタイムの料金の目安　2,200円～
ディナータイムの料金の目安　4,500円～

1_ランチのデザートは+200円ハワイアンパンケーキに変更可能　2_コロナを機に藤枝から焼津に店舗を移した「ダルピーノ」。温かみのある空間コーディネートと夫妻の人柄がお店の居心地を良くしている　3_店内の様子　4_特別なときに利用したい個室席も　5_一つひとつ説明が添えられたワインが並ぶ、ワインセラー前のカウンター席

Dalpino

焼津市栄町2-4-4
054-631-7873
11:30～14:00（LO13:00）、18:00～22:00（LO20:00）　休月曜　P市営Pの補助あり
HP https://dalpino-jp.com

【席数】テーブル12～20席、カウンター3席、個室6席
【煙草】全席禁煙　【予約】ある方がベター
【CARD】可　【アクセス】JR焼津駅から徒歩3分
【備考】電子決済可。個室はランチ4,000円以上、夜6,800円以上のコース利用時のみ

静岡市葵区

ALLEE RESTAURANT

アレイレストラン

1

おすすめメニュー

週替わりランチメニュー　1,500円
フライドポテト　700円

ランチタイムの料金の目安 1,500円〜
ディナータイムの料金の目安 3,000円〜

1_ケチャップライスにふわとろの卵、きのこたっぷりの特製トマトソースを添えた「きのこソースのオムライス」。秋のランチに登場予定　2_デザートで人気の「クレームキャラメル」は、食感しっかりめのプリン。500円。ランチセットと一緒にオーダーする場合は50円引き

2

3・4_昼の時間帯は三面窓からたっぷりと光が入る。カウンター席もあり、ひとりでも気軽に立ち寄れる　5_ディナーの一例。静岡県産「いきいき鶏」にバジリコやセルバチコなどの香草を添えた「いきいき鶏の香草焼き」1,800円

日常づかいもできる
カジュアルレストラン

欅並木が続く鷹匠町の一角にたたずむ、小さなレストラン。街中の喧騒を感じさせない隠れ家的な空間には三面に窓が配され、日当たりも良く開放感たっぷりで心地いい。

階段を数段上がった先にある黒板に記された料理はイタリアンを中心に、ガパオライスやタイカレーなどのエスニック、地元ベーカリーのパンを活かしたパンセットなどを織りまぜ、週替わりで組み立てている。ランチのメインはバリエーション豊富なパスタ。週ごとに工夫を重ね、ソースもさまざま、季節感を大切にした一品に出会える。サラダ、ドリンクがセットになったお得な価格設定、気取らずカジュアルに過ごせる雰囲気もこの店の魅力だ。食後は昭和のプリンを思わせる「クレームキャラメル」やベイクドチーズケーキなどのデザート、上質な豆を使用したおいしいコーヒーもご一緒に。

ALLEE RESTAURANT

静岡市葵区鷹匠3-18-20 古永家ビル2階
☎054-209-1221
🕘11:30〜15:00(LO14:00)、18:00〜22:00(LO21:00)
休火曜、第3水曜
P周辺に提携駐車場(リブレコインパーキング)あり
HPinstagram@alleerestaurant/
【席数】カウンター5席、テーブル20席
【煙草】全席禁煙
【予約】ある方がベター　【CARD】不可
【アクセス】静岡鉄道日吉町駅から徒歩5分

静岡市駿河区

ファーマーズレストラン DON FARM

ファーマーズレストラン ドンファーム

「Aランチ」1,925円。お店で使用する野菜は全て自家製。スープはトマト、カボチャ、ジャガイモ、カブなど野菜を使った週替わりのスープ。前菜として提供しているのは、朝、スタッフ自ら収穫してくる自家製季節野菜を使った焼き野菜。野菜の味が濃く、シンプルな素材そのものの味が楽しめる。ドリンクは特製ジンジャーエールやバジルヒートがおすすめ。「Bランチ」につく肉料理は、ふじのくに いきいきポークを使った香草オーブン焼きや、朝霧高原豚のビール煮込みなど日替わりの料理から選べる

野菜の味が濃い！
農園レストランの釜焼きピッツァ

石廊崎から御前崎まで駿河湾を一望できる国道１５０号線の海岸通り。ここに農園直営レストランがある。オーナーの畑田さんは久能で生まれ育ち、農園を経営していたが、いつかレストランをやりたいと思っていたそうだ。最初はイベントでトマトソースを販売する程度だったが、お客さんからお店はどこですかと聞かれる機会が増えるにつれ、想いが強まり、念願叶って２０２０年にオープンした。土づくりにこだわり、ミネラルたっぷりの土壌から循環型の減農薬で育った野菜。これがとにかくおいしい。そんな野菜たちと、生のトマトやネギ、バジルなどを使ってつくるソース、駿河湾の桜エビやしらす、葉生姜、駿河湾でスタッフたちと一緒に釣ってきた魚なども組み合わせ、地元食材満載のオリジナルピッツァやパスタに仕上げる。夜はアラカルトも豊富。海を見ながらのんびり堪能したい。

1・2_イタリアから仕入れたナポリ釜は400度の温度で一気に焼き上げる　3_農産物や加工品、ソース、冷凍ピッツァなども販売　4_天気の良い日は海風を感じながらテラス席でいただくのもいい　5_カリフォルニアと海をイメージした店内

おすすめメニュー

Aランチ　1,925円

季節野菜のスープ、朝採り野菜の前菜、パスタ or ピッツァ、ソフトドリンク

Bランチ　3,080円

Aランチの内容+肉料理、ジェラート

ランチタイムの料金の目安　2,000円〜
ディナータイムの料金の目安　3,000円〜

ファーマーズレストランDON FARM

静岡市駿河区西平松480-2
054-238-7330　平日11:30〜14:00(LO)・18:00〜20:30(LO)、土・日曜・祝日11:00〜14:00(LO)・18:00〜21:00(LO)　休 月曜※月曜が祝日の場合翌日休み。第2は月・火曜連休
P 20台　HP http://www.don-farm.com

【席数】テーブル36席、テラス12席
【煙草】全席禁煙　【CARD】可　電子決済可
【予約】ある方がベター ※週末は予約した方が確実
【アクセス】東名高速道路静岡I.C.より車で7分

静岡市駿河区

simples

シンプルズ

豊かな素材を昇華させた
イノベーティブなフレンチ

広々としたカウンターで料理人と言葉を交わしながら美味を楽しむ。

海と山、豊かな自然に囲まれた静岡の恵みを、井上靖彦シェフが情熱を込めて一皿に仕上げていくsimples（シンプルズ）の料理。中でも魅力を放つ食材は駿河湾で水揚げされ、サスエ前田魚店が仕立てた鮮魚類。この日の料理の一つ、焼津・小川港で水揚げされた游がせ（およがせ）の鯵も食感が抜群で、旨味が余韻として残る。游がせとは前田氏の造語で、生かしたまま港に持ち帰った鮮度抜群の魚のこと。井上シェフが「これ」と見込んだ食材が、最高の調理法でゲストに供される。静岡の魅力を余すところなく伝える13品前後のコースは、旬の輝きをまとって日々、内容が変わっていく。

丸子・泉ヶ谷の自然と調和するモダンな一軒家。ゲストの席から見渡せるオープンキッチンは自信の表れでもある。シェフの解説を聞き、料理の背景に思いを馳せ、一期一会の料理に舌鼓を打ちたい。

1

3

2

1_「遊がせの鯵　山椒の香りを添えて」(コースより)　。活けの鯵に伊豆の山椒を合わせ、伊豆の作家の皿で提供。　2_長谷川農園のマッシュルームと泉ケ谷の牧場の牛乳を合わせアイスクリームにした「マッシュルームのアイス」。隠し味はジャガイモ。　3_「ドウマンガニと鹿のコンソメ」。浜名湖産のドウマンガニとニンジンのピューレに、シェフの故郷である大分の鹿と香味野菜のコンソメをゼリー状にして載せた美しい一皿。

6

5

4

7

4_音楽好きの目が止まるタンノイのスピーカー。BGMは日によって違い、時には南米の音楽がかかることも。 5_デザイナーの友人が移転オープンのお祝いに作ってくれたワインの栓。 6_「きらりと光る食材を料理したい」と話す井上靖彦シェフ。7_自然と調和した佇まい。

おすすめメニュー

［ランチ］・SIMPLES 16,500円
［ディナー］・SIMPLES 16,500円
・OMAKASE 22,000円

ランチタイムの料金の目安　16,500円
12:00から一斉スタート
ディナータイムの料金の目安　16,500円～

simples

静岡市駿河区丸子3262-1
054-330-8289
12:00~14:00（ランチは土日限定）
17:30~22:00　休火曜
Pあり　※場所は到着時にスタッフに確認
HPhttps://simples.world/
【席数】カウンター13席、テーブル4席（個室）
【煙草】全席禁煙
【予約】必要　【CARD】可
【アクセス】しずてつジャストライン中部国道線「吐月峰駿府匠宿入口」下車　徒歩6分

静岡市清水区

'Ulalena

ウラレナ

オーシャンビューを臨みながら
非日常の時間を過ごす

１階がレストラン、２階がコンドミニアムホテルになっている「ウラレナ」。この場所を知ってもらいたいと、三保を中心とした地元の食材を使い、フレンチのランチコースをリーズナブルに提供。スープ、前菜、メイン、パン、デザート、飲み物もついて２８００円というから驚きだ。たとえばある日の前菜は、静岡の銘柄鶏「富嶽白鶏」に清水の落花生を合わせたムース、地元の海苔などを使った里芋のテリーヌ、由比の寝付きアジに清水の折戸ナスなどを合わせたもの、三保の川村農園のトマトを10日間醗酵させて抽出したスープに、ズワイガニ、清水の枝豆と組み合わせたものと、ともかく手間がかかっている。なお、コンドミニアムホテルの１室でランチをいただける特別プランも。記念日などの特別な日に贅沢な時間を過ごすのもよいし、友人たちと女子会をするのもおすすめだ。

1_メインの本日の鮮魚「三保の赤ハタ」を使ったポワレ。旬の地魚を使用。何がでてくるか楽しみにしたい　2_ランチの前菜

おすすめメニュー

ウラレナタコスセット　1,800円
Ulalena 季節のパルフェ　980円～
キッズメニュー　1,200円
ディナーコース　7,700円～

ランチタイムの料金の目安　2,800円～
ディナータイムの料金の目安　7,700円～

3_建物の目の前が三保の海水浴場になっており、オーシャンビューが広がる。シャワー施設やバレルサウナも併設され、テラスやガーデンを使用してBBQやイベント、結婚式なども可能　4_（右）清水で生まれ育ち、有名店で長年経験を積んだ松田シェフ、（左）三保の魅力に惹かれて移住。スタッフとしてサービスを手がける吉川さん　5_ランチのデザートの「マロンクリーム」。両河内とフランスの2種類の栗を使用　6_両河内の山本Farmのかぼちゃ「ブラックのジョー」のスープ。ナッツや12種類のスパイスを調合してつくるデュカや、炭の香りと酸味をまとわせた生クリームと合わせながら、味の変化を楽しみながらいただく　7_ダッチパンで焼き上げる「ウラレナダッチパンケーキ」1,200円～　8_デイユースとして部屋でランチがいただけるプランは8,500円～。4名～

‘Ulalena

静岡市清水区三保2729
054-340-7330
ランチ11:00～15:30（LO14:30）、カフェ15:30～17:30、ディナー17:30～21:30（LO20:30）
休 火曜　※カフェ・ディナーは土・日曜・祝日のみ
P 14台　HP https://ulalena.jp
【席数】テーブル40席、テラス20席
【煙草】全席禁煙　【予約】ある方がベター
【CARD】可　電子決済可
【アクセス】JR静岡駅から車で30分、富士山清水港クルーズ水上バス「三保のりば」よりすぐ

藤枝市

restaurant lux

レストラン ルカ

秋庭シェフの顔とも言える
オードブル「海の幸と季節
の野菜のサラダ仕立て」

要予約の8,000円のコースでいただける「蝦夷鹿のロースト ポワヴラードソース」。スパイシーなソースにグロゼイユや胡椒、ジュニパーベリーといった木の実を合わせた

地元素材の可能性を感じる
美食の数々を堪能する

甘味・塩味・酸味・苦味・旨味といった五味を一つひとつ大事にし、フレンチの技術で素材そのものの味を生かした調理を手がける秋庭シェフ。「シェ・サッカワ」の料理長として活躍し、2024年3月に「レストランル・カ」としてリニューアルした後も引き続き厨房で腕をふるう。ともかく地元を大事にしており、藤枝の農家の元を自ら訪れ、生産者と対話して直接仕入れた野菜をはじめ、信頼のおける焼津の魚店から仕入れる魚、遠州の豚、静岡の牛など地物を中心とした食材を集める。秋庭シェフのシグネチャー・ディッシュであるオードブルはランチでもディナーでも必ず提供するひと皿。駿河湾の鮮魚や季節の野菜に、コリアンダー、レモン、オリーブオイル、レーズン、クスクスなどを味と食感のアクセントに加え、静岡食材のおいしさがシェフの腕によりさらに引き立てられている。

オープンキッチンになっており、カウンター席は調理場のライブ感が味わえる

1_こちらは夜のコース料理で提供している前菜「帆立貝のマリネ パプリカのムース」　2_月替わりのスープ「紅あずまのポタージュ　カプチーノ仕立て」　3_この日のデザートはコーヒーゼリー、洋梨のタルト、レモン風味のパウンドケーキ、自家製ヨーグルトのジェラート、はちみつのムース。事前予約すれば記念日のプレートをランチでも用意してもらえる　4_空間を仕切って使うことも可能で、貸切も可能。コース料理が中心だが、アラカルトメニューの用意もある　5_秋庭シェフ。「シェ・サツカワ」以前は、「ホテルアソシア静岡」のイタリア料理「アルポルト静岡」で副料理長を務めていた

2

3

1

5

4

「美食家コース」3,500円
から「遠州ポークのグリエ
シェリービネガーソース」

おすすめメニュー

季節のコース　2,500円
美食家コース　3,500円
昼・夜は5,000・8,000・12,000円のコースあり（要予約）

ランチタイムの料金の目安　2,500円〜
ディナータイムの料金の目安　5,500円〜

restaurant lux

藤枝市前島1-3-1 ホテルオーレ2F
☎054-634-1523
11:30〜15:00（LO13:30）、17:30〜22:00（LO20:30）
休水曜　※祝日等営業する場合あり
Pオーレ藤枝のP利用（2時間無料）
HPhttps://restaurant-lux.net
【席数】テーブル35〜40席、カウンター5席
【煙草】全席禁煙　【予約】ある方がベター
【CARD】可　電子決済可
【アクセス】JR藤枝駅から徒歩1分

静岡市清水区

Bon Masuda

ボン・マスダ

「『TEA豚』肩ロースのソテーのランチ」2,970円。62度の低温で3時間火入れをしたあと、炭火で香り付け。お肉自体に甘味がありさっぱりといただける

シェフ渾身の本格フレンチをお昼からリーズナブルに

ボン・マスダと言えばおいしいもの好きで知らない人はいないのではないかと言われるほどの店だ。リーズナブルな価格で気軽に行けるのはもちろんだが、増田シェフにファンが多い。こども教室や料理教室など、社会貢献活動にも力を入れていることからその人柄がわかるだろう。優しさとアイデアが詰まった料理には、富士宮の契約農家からの直送野菜、駿河湾の鮮魚、静岡の豚肉など食材は県産のものが中心。オープンから8年経つが留まらずに常に改良を重ね進化を続ける。フレンチのコースがいただけるランチは、ウエルカムドリンク、前菜、ポタージュ、自家製の焼きたてパン、デザート、珈琲もしくは紅茶付きで2530円から。夜のコースは4950円からだが+1100円で飲み放題がつけられるとあってお得。シェフ渾身の口福な料理を堪能しに訪れに行こう。

1_「魚料理のランチ」2,750円。写真は駿河湾の真鯛を使ったポワレ。ラビゴットソースに静岡の「ぬかどっ子」のぬか床でつくった細かく刻んだぬけ漬けを使用　2_6月下旬～9月中旬頃に提供する桃のポタージュは来年の予約までしていくという人がいるほど人気のあるひと品　3_まるでパフェのような見た目の前菜。中古のアンティークのお皿を入手した際、これに合う前菜をと考案　4_ガトーショコラ。ブルーベリーのソースを添えて　5_箱根のオーベルジュや静岡の式場ホテル、フレンチの名店などで経験を積んだ増田シェフ　6·7_店内。掘りごたつの席で箸で気軽にいただける

おすすめメニュー

シェフのスペシャルランチ　3,520円
本日の魚料理　2,750円
リーズナブルコース　4,950円
今月のおすすめディナー　7,000円～

ランチタイムの料金の目安　3,000円～
ディナータイムの料金の目安　5,000円～

Bon Masuda

静岡市清水区江尻東1-3-15
☎054-395-9655
🕘11:30～14:00（LO13:00）、17:30～22:00（LO20:00）　㊡火曜、水曜
Ⓟ近隣コインP利用
HP https://bonmasuda.net/
【席数】テーブル30席、カウンター6席
【煙草】全席禁煙　【予約】ある方がベター
【CARD】可　電子決済可
【アクセス】JR清水駅から徒歩5分
【備考】予約で席が埋まるため予約がおすすめ

静岡市葵区

SINQ

シンク

おすすめメニュー

おまかせコース　12,100円
ペアリング　3,800〜6,800円
厳選肉の炭火焼オードブル　9,000円

ランチタイムの料金の目安　12,100円〜
ディナータイムの料金の目安　12,100円〜

1_「ゴ・エ・ミヨ2024」を受賞した名店でもある。30カ月熟成したサバやシマアジ、ドクダミのシロップ、パッションフルーツの酵素ジュースなども置かれている　2_お肉以外にも焼き野菜でも炭火を使用。4年熟成の自家製アンチョビを泡状のクリームソースにしたものにつけながらいただくメニューは特に人気がある　3_メインで提供している、峯野牛の炭焼きステーキ。素材の良さをシンプルに表現するために、炭火・発酵・熟成の力を活用している

4_保﨑シェフ。フレンチのテクニックをベースに、日本の伝統料理などの手法も加え、斬新な発想の料理をつくる　5_テーブルには季節の花が飾られ、もてなしにも力を入れる。食器やカトラリーなどは静岡の作家さんのものを使用

炭火と発酵を巧みに操ったライブ感あふれる料理

静岡には全身全霊をかけてこだわりの食材をつくる生産者がいる。そんな生産者一人ひとりのもとを訪れ、対話し、その食材を一番おいしく活かす手段で提供しているレストラン。たとえばワインであれば、ぶどうの収穫も手伝い、どんなふうにつくられているかを知ることで、それを料理とのペアリングにも繋げていく。そして、これらの食材を活かすには、炭火が一番だという。紀州や土佐などから硬さにこだわった炭を集め、遠赤外線の効果でじっくりと焼いていく。発酵や熟成の力も利用しており、酵素ドリンクから鹿肉やサバのひしお、アンチョビといったものも自身の手で手がける。フードロスにも取り組み、なるべく捨てずに乾燥させて香りづけに使用したりと余すことなく活用。「生産者の苦労を知っているだけに最後まで大切に使いたいと思っています」と話す。

SINQ

静岡市葵区人宿町2-5-22 KADO 1F
050-1809-5583
昼12:00～、夜18:30～
休日曜・不定休　Pなし
HPhttps://www.sinqsumibi.com

【席数】テーブル8席、カウンター7席
【煙草】全席禁煙　【予約】要予約
【CARD】可
【アクセス】JR静岡駅から徒歩20分
【備考】キャンセルポリシーあり。ホームページで確認を

静岡市葵区

alku bistro cafe

アルク ビストロ カフェ

1

5

3

2

スタイリッシュな空間で味わう ビストロの味

新静岡セノバからすぐの場所にあるビストロ&カフェ。おひとり様ランチから、友人とゆっくり話をしたいときなどに使える、肩ひじ張らずに過ごせる場所だ。大阪や京都の式場でフレンチシェフとして腕をふるってきたがコロナを機に奥さまの地元である静岡に移り住んだという岡本さん。料理はもちろん、パン、スイーツまで全て手づくりし、コーヒーもハンドドリップで淹れるなど、一つひとつの工程を心込めて仕事する。キッチンもオープンになっており、美しく整えられた調理器具や食器たちを見れば、丁寧な仕事ぶりと人柄は伝わってくるだろう。ランチはコースのみで提供、夜はアラカルトのみ。カフェタイムにはガトーショコラやプリン、ミルフィーユなど季節のスイーツを、こだわりの豆で淹れたコーヒーや、ナチュラルワインとともに味わうのもおすすめだ。

ランチのメイン料理「鴨ロースのロースト　バルサミコソース」ランチ+550円。余熱でじんわりと肉汁を留めながら火入れしていく。野菜の食感や味も愉しみたい。メインはお肉、お魚、キッシュ（orパテドカンパーニュ）を3種類を月替わりで提供

おすすめメニュー

本日のランチ　1,870円
パテ・ド・カンパーニュ　ランチ660円
カヌレ　165円（持ち帰りも可）
ガトーフロマージュ　605円（食べたことない味わい）

ランチタイムの料金の目安　1,870円～
ディナータイムの料金の目安　4,000円～

1_季節の野菜を使ったポタージュは、野菜の甘みをじっくり加熱して引き出してからピューレ状に。毎日焼き上げるパンは、全粒粉を使ったパン・ド・カンパーニュ　2_「プリン」605円は、カラメルとバニラビーンズをたっぷり使用したほろ苦い大人な味。ランチにプラスしてつけたい　3_コーヒーは奥さまが勤めていた大阪の焙煎所でオリジナルブレンドをつくってもらっている。酸味と苦味のバランスがよく、おいしかったと豆を買って帰る人も多い　4_岡本さんの丁寧な仕事ぶりは調理中の様子からも伝わってくる　5_白でまとめられた整った店内

alku bistro cafe

静岡市葵区伝馬町7-9 天馬ビル2F 南側
☎054-333-9779
ランチ11:00～14:00、カフェ14:00～18:00（LO17:30）、夜18:30～（前日までの予約のみ）
休 日曜、祝日、不定休　P なし
HP Instagram @alku_shizuoka

【席数】テーブル8席、カウンター4席
【煙草】全席禁煙　【予約】ある方がベター
【CARD】不可　【アクセス】静岡鉄道新静岡駅より徒歩2分　【備考】予約は11:00～11:30に

静岡市葵区

Les trois couleurs

トワクルール

「ランチコース」3,500円は、前菜、サラダ、お魚料理 or お肉料理、デザート、食後の飲み物のコース。写真は「国産牛のロースト」。肉の出汁や野菜を使ったソース、スパイスを好みで組み合わせながらいただく

シェフたちと話すのも愉しい カジュアルレストラン

食材をどうしたらおいしく、どうしたらトワクルールらしさが出せるか。素材の魅力を引き立てる焼きにはとことんこだわる。たとえば「豚ロースト」は静岡県産銘柄豚を使い、肉質を生かし絶妙な加減で焼きを入れていくことで豚の概念を覆す味に仕上げていく。「魚のポワレ」であれば皮目をパリッとにこだわる。また、出てくるメニューは王道のフレンチから煮込みハンバーグ、スペアリブ、担々麺と枠にとらわれない。「フォアグラごはん」はプラス料金がかかるが必食。まずはそのまま、そしてかつお出汁と玄米茶を合わせた出汁をかけ少しずつ混ぜながらいただくと味が変わる。これを目当てに訪れる人も多いほど人気メニューだ。「楽しく食べて帰ってもらえたら」とふたりのシェフがトークにも気を配る。おいしい料理を食べてお店を出る頃には笑顔もチャージされる店だ。

1_フルーツトマト、うずまきビーツ、小メロン、紅芯大根、からし菜など、使用する野菜は20種類近く。浅漬け、生のまま、茹でる、揚げるなど調理法はさまざま。また野菜の皮も乾燥させて粉末状にして野菜塩にしたり、ソースにしたりとも余さず使用。肉の脂身もラードにしたりと環境にも配慮　2・3_内観　4_「フォアグラごはん」1,500円（ハーフ800円）　5_ホテルでフレンチを学んだ立岩シェフと長島シェフ　6_「アルコールペアリング（ハーフ）」3,500円はワインから日本酒まで料理に合わせてペアリングで提供していく

おすすめメニュー

ランチコース　3,500円／4,700円／6,000円

ディナー　6,000円／8,300円／14,000円

※ランチの6,000円とディナーの14,000円は要事前予約

ランチタイムの料金の目安　3,500円〜

ディナータイムの料金の目安　6,000円〜

Les trois couleurs

静岡市葵区七間町19-2 1F
☎054-251-6881
🕘11:30〜14:30（LO13:00）、18:00〜22:00（LO20:00）
休不定休　P なし
HP https://les-trois-couleurs.com
【席数】テーブル16席、カウンター7席
【煙草】全席禁煙
【予約】ある方がベター　貸切要相談
【CARD】可　電子決済可
【アクセス】JR静岡駅から徒歩6分

静岡市清水区

AKEBONO.La Table

アケボノ ラターブル

「旬の魚料理のランチ」2,800円。この日は焼津の小甘鯛をうろこ焼きにして提供

色とりどりの地元農家の野菜をシンプルに生かしたフレンチ

オーナーの海野さんは、鎌倉の洋食、東京のフレンチや式場、炭火焼きステーキ店で料理長などを経験した経歴の持ち主。２０２０年に地元へ戻り、両親が長年営んでいた食事処「曙」だった場所を利用してオープンした。お店の近くの伊藤農園や畑ｂａｒｊｉをはじめ、富士宮や掛川などの地元の農家から直で仕入れている多種多様な野菜や果物、駿河湾の魚、静岡産オリーブを食べて育った豚など、地産地消を心掛けながら、これまでのアンテナを通じて各地から旬の食材を集める。そしてこれらの素材を一番活かせる形で皿に盛り付けていく。「家賃がかからない分、リーズナブルな価格になっていると思う」と話す。前菜、自家製フォカッチャ、メイン料理、プチポタージュ、食後のドリンクがセットになったランチセットは２８００円から、本格的なコースは４６００円からいただける。

1_カボチャのポタージュと自家製のフォカッチャ　2_店内の様子　3_コースの前菜2品目。富士宮サーモンと季節野菜のマリネ。約20種類の野菜を使用。ブラックオリーブを乾燥させて粉末状にしたものを上からかけ、香りよく仕上げている　4_コースの前菜1品目。伊藤農園のトマトを使い、下からトマトのローストを冷やしたもの、トマトのムース、トマトをローストしたときにでる水分をゼリー状にしたものを重ねている。季節によりカリフラワーのフラン等に変わる　5_オーナーの海野さん。こってりとした料理よりお肉も野菜も極力シンプルに、素材そのものを活かした調理にしているという　6_白イチジクとイチジクのタルト。インドネシアのオーガニックバニラビーンズを使用した自家製バニラアイスも一緒に

おすすめメニュー

本日のランチ　2,800円
ランチ（黒毛和牛のロースト）　3,800円
他、4,600円／6,800円／夜は10,000円のコースもあり

ランチタイムの料金の目安　2,800円〜
ディナータイムの料金の目安　4,600円〜

AKEBONO.La Table

静岡市清水区長崎南町7-25
054-345-3882
12:00〜14:00（LO13:00）、18:00〜21:00（LO19:00）
休火・水曜　※他不定休あり　P4〜6台
HP Instagram @akebono.latable

【席数】テーブル14席、カウンター4席
【煙草】全席禁煙　【予約】要予約
【CARD】可　※ランチは不可　電子決済可
【アクセス】静岡鉄道御門台駅から徒歩8分

静岡市葵区

Bistro Ravigote

ビストロ　ラビゴット

子どもからお年寄りまで幅広い年齢層に人気のラビゴット定番のハンバーグ。デミグラスソースはまろやか。焼き野菜も添えられ、野菜もしっかりとれる

食べると元気がわいてくる！手間暇かけたフレンチ

赤いオーニングと看板が目印のビストロラビゴット。オーナーの大野真希さんは、関西のフレンチやイタリアンの店でも修行。ラビゴットとはフランス語で「元気を回復させる」という意味で、手間暇かけて丁寧に仕込んだフレンチを、気負わずにいただける店だ。ハンバーグは注文が入ってから成型し、じっくりと焼き上げる。ふっくらとして肉汁はしっかり閉じ込められ、赤ワインで煮込んだデミグラスソースがたっぷり。オーブンで長時間焼いた野菜もそえられ、にんじんはサツマイモのような甘さ。安心して美味しく食べて欲しい、という思いから、ハムやベーコン、ソーセージも手作り。食材を自分の足で探すことも楽しみ、休日に長野県などまで仕入れにでかけることも。一人でここまで手間暇かけた料理を提供できるのは、大野さんの段取り力のなせる技だ。肉も野菜もバランスよく、まさに、「食べて元気になる」ビストロだ。

おすすめメニュー

メインランチ　2,000円
(メイン料理／スープ／サラダ／パン)
+300円でサラダを前菜盛り合わせに変更可能
キッシュランチ　1,800円
(キッシュ／オードブル／スープ)

ランチタイムの料金の目安　2,000円～
ディナータイムの料金の目安　3,000円～

1_メインランチのサラダを+300円で前菜盛り合わせに変更できる。手作りハム、イチジクやビーツなど野菜やフルーツのサラダ、キッシュにも手作りのベーコン入り。ボリュームがあって栄養もとれる　2_カボチャのポタージュと自家製パン。パンには国産の小麦粉を使用　3_大野さんがハンバーグを成型する際、タネを左右の手のひらに交互に打ち付ける音が店内に心地よく響く　4_白を基調に、赤や木の看板がアクセントに効いた清潔感のある明るい店内。2021年に同市葵区二番町から錦町に移転した　5_デザートやアイスなども手作りで、店が休みの日も仕込みで忙しいかと思いきや、「しっかり休んでいます」と笑う大野さん。長野県や山梨県への食材の買い出しは、仕事という意識はなく、楽しみの一つでもある　6_季節のフルーツで作った自家製コンフィチュールは優しい甘み。店内で購入できる

Bistro Ravigote

静岡市葵区錦町9-1
054-204-6539
11:30～14:00、17:30～21:00(最終入店20:00)
休月曜、火曜。水曜の昼　P1台
HPhttps://www.bistroravigote.me/

【席数】最大で15席
【煙草】全席禁煙
【予約】ある方がベター　【CARD】可
【アクセス】JR静岡駅から徒歩25分

静岡市葵区

ビストロ アマファソン

ビストロ　アマファソン

肉汁が口の中で溢れる「牛ランプのロースト」（ランチコースに＋600円）。夜はグラム単位でオーダーも可能

美しい一皿と、ビストロならではの気楽さと

「ビストロ　アマファソン」のランチコースのサラダには驚く人も多いのではないだろうか。惜しげもなく何種類もの野菜が使われ、フレンチの技法をまとった美しい一皿が登場するからである。都内のフランス料理店で腕を磨き、再び地元静岡に戻ってきた松本シェフだからこそ、静岡の野菜のおいしさを再認識。久能の浦田農園をはじめ地元の生産家の力強い野菜の魅力を最大限に活かし、季節のインスピレーションによって、誰もがハートを掴まれるワクワクするサラダを作り上げていく。

メニューには優しく火を入れた牛肉のロースト、バターソースがじゅんわりと口に広がるフィッシュ＆チップス（風）など、ワインや、時には日本酒を合わせたくなる料理の数々がラインナップされている。ビストロの気楽さの中、上機嫌でアマファソン（自分流）に、季節の味わいを楽しみたい。

4

1

5

6

3

2

おすすめメニュー

Aランチ（前菜2品、季節のサラダ、
選べるメイン1品、パン、デザート、飲物）　3,000円
Bランチ（前菜2品、スープ、季節のサラダ、魚料理、
選べる肉料理、パン、デザート、飲物）　4,000円
2024年秋よりディナーコース
6,000円、8,500円、12,000円がスタート　※アラカルトも有

ランチタイムの料金の目安　3,000円～
ディナータイムの料金の目安　5,000円～

1_コースより生ハムとメロンのガスパチョ風「夏のサラダ」。ピキーニョやオクラ「ダビデの星」など旬の野菜を盛り合わせた　2_松本幸司シェフは静岡の老舗鉄板焼き店や都内のフレンチ料理店を経てまた地元へ。静岡の名店で料理長を務めた後、ビストロ　アマファソンを開店　3_「フィッシュ&チップス(風)～プロヴァンスバターソースで～」(アラカルトより。900円)。英国のフィッシュ&チップスをヒントにし、ハーブバターソースにトマトを合わせ南仏風に　4_コースよりフォレスティエール(森)をサラダで表現した自家製スモークチキンとキノコの「秋のサラダ」　5_店内が見渡せるオープンキッチンは「楽しい」と松本シェフ　6_シックな外観

ビストロ　アマファソン

静岡市葵区東鷹匠町4-30 三恵コーポ101号
054-395-7656
11:30~14:30(LO13:00)
ディナー 18:00~22:00(LO21:00)
休月曜 ※祝日月曜も休み　Pなし
HPhttps://bistroamafacon.biz-option.com

【席数】カウンター6席、テーブル18席
【煙草】全席禁煙
【予約】ある方がベター　【CARD】可
【アクセス】静岡鉄道日吉町駅から徒歩7分

静岡市清水区

北條《ほうじょう》

「うなぎのコース」7,150円。前菜・お造り・うなぎの白焼・うなぎ半丼・肝すい。9,900円などのコースもあり。蒸し焼きや地焼きは、メニューや注文状況によって選べないこともあり

食通もうならせる
うなぎのコース料理に感動

国道52号を興津側に沿って北上した、山に囲まれた自然豊かな場所にある料理屋。食通も訪れる店で県外からの利用客も多い。日本料理のコースもあるが、おすすめはうなぎ。浜名湖産の質のいいうなぎを、注文が入ってから生きたまま調理場でさばくから鮮度が違う。ときには天然物が入荷されることもあり「入ったら連絡がほしい」というファンもいるほど。うなぎのコース料理では、一匹を半分は白焼で、半分は丼で味わう。継ぎ足しで使っているタレは甘めと辛めと両方が用意されており、関東風の蒸してから焼く「蒸し焼き」、関西風の蒸さずにそのまま焼く「地焼き」と両方に対応してくれる。おすすめは地焼き。身がプリッとしていて身の味が濃くなる。脂っこいのが苦手という方は蒸し焼きの方が身がやわらかくふんわりと軽くなるので、好みで選ぼう。

1_マグロやクチミダイなどのお造り。駿河湾、遠州のものが多いが全国より取り寄せる。つまは大根をはじめ、ハス、紅芯大根、白瓜など季節によって変わる　2_ご飯は土鍋で炊く　3_店主の北條文之さん　4_うなぎは注文が入ってから生きたまま調理場でさばく　5_古い民家を生かしたお店で、全室個室で対応　6_この日の前菜は8時間かけて煮込んだサンマの生姜煮、清水産揚げ銀杏、栗の当座煮など

2

1

6

3

4

5

お酒がすすむ白焼。最初は醤油をつけて、柑橘はあとで醤油の方にかけて食べると味の変化が楽しめる。有東木や伊豆などのそのときのおいしいワサビをちょんとのせていただこう

おすすめメニュー

コース（平日のみ）4,180円／5,500円／6,600円
コース（昼・夜）9,900円／13,200円／19,800円
うな重・白焼・蒲焼　4,840円

ランチタイムの料金の目安　4,180円〜
ディナータイムの料金の目安　13,200円〜

北條

静岡市清水区小河内3899-1
054-393-2136
11:45〜14:00（LO13:00）、
17:30~22:00（LO20:00）
休月曜　※月曜が祝日の場合翌日休み
P12台　HPInstagram @hojoshimizu
【席数】個室最大40席　【煙草】全席禁煙
【予約】要予約　※予約がとれないことがあり。
インスタで確認を
【CARD】不可　電子決済可
【アクセス】JR興津駅より車で15分

静岡市清水区

穴子の魚竹寿し

あなごのうおたけすし

ランチのおきまりは8貫で3000円。とろける穴子をはじめ一つ一つ仕事が施された江戸前鮨の妙を楽しみたい

静岡で穴子、そして古典的な江戸前鮨を

「魚竹寿し」の鮨だねには全て仕事がしてある。「煮る」「蒸す」「〆る」「漬ける」などの手間を惜しまず、魚の味を別次元に昇華させる江戸前鮨は、それが身上。店主であり鮨職人の千葉由美さんは、一つ一つの仕込みを細やかに行い、カウンターやテーブルという表舞台で、美しい鮨をそっと差し出す。口の中で繊細にほろりとくずれる千葉さんの鮨にファンは多い。若い頃から女性の鮨職人として注目を集めることが多かったが、決してそれに甘んじることなく、父である親方の「身の丈に合った仕事をしなさい」という言葉の通り、黙々と修行に励んできた。

今、つけ場に立って店内の様子に目配りし、一人一人のお客に合わせて鮨を握る千葉さんのたたずまいは所作の美しい鮨職人そのもの。静岡県産の魚を中心に、江戸前の手法で握る魚竹寿し。和食の粋、静岡の粋が必ず味わえる。

1_毎日の仕入れも千葉さんが赴く。時には大間のマグロが手に入ることも。仕入れにはネットワークや伝手が大切で、真夜中の電話が朗報をもたらすことも多々　2_つけ場に立つ千葉さん。「うちは町の鮨屋ですから、お好みもどんどんお伝えください。職人である私とのやりとりも丁々発止、ぜひ楽しんでほしいです」　3_魚竹寿しでは、約200年前に両国の鮨屋で生まれたという芝蝦のおぼろも手間暇かけて作っている。おぼろ巻きにしたり、鮨にかませたり、使い方はさまざま　4_カウンターではおまかせを、テーブル席ではおきまりをいただくことができる　5_6_無駄のない手の動き、所作を見ることができるカウンター席　7_手入れの行き届いた店先

おすすめメニュー
ランチのおきまり3,000円
おまかせの握り(鮨のみ)
9,000円／12,000円／15,000円／20,000円

ランチタイムの料金の目安　3,000〜25,000円
ディナータイムの料金の目安　15,000〜25,000円

穴子の魚竹寿し

静岡市清水区草薙122
☎054-345-8268
⌚11:00~13:30、17:00~21:00
休火・水曜
P8台
HPuotakesushi.com

【席数】カウンター6席、テーブル13席
【煙草】全席禁煙
【予約】要予約　【CARD】可
【アクセス】JR草薙駅から徒歩5分

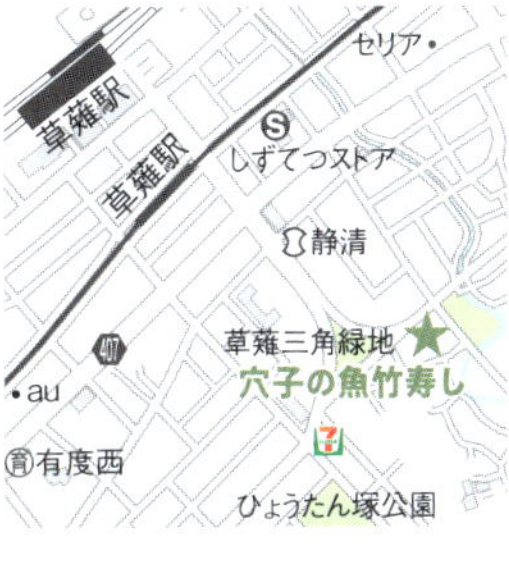

静岡市葵区

巧～taku～

たく

1_昼会席のコース一例。締めが蕎麦がまた絶品！　2_アラカルトで鉄板焼きが頼める　3_季節によって入荷する地酒　4_夜のコースの一例

おすすめメニュー

昼会席　3,500円

ランチタイムの料金の目安　3,500円～
ディナータイムの料金の目安　8,500円～

5_落ち着いたテーブル席と手元が見えるカウンター
6_夜の黒毛和牛網焼きの会席8,500円コース

会席の〆は蕎麦で
鉄板焼きも味わえる魅惑の店

郊外にあった知る人ぞ知る名店「遊菜巧房 岩市」が数年前に人宿町に移転し、スタイルを変えて「巧〜taku〜」としてオープン。すっきりと開放感のあるオープンキッチンを前の前にするカウンター席や、グループに適したテーブル席や個室など、用途によって使い分けもできる。定番の昼会席では、茶碗蒸し、お造り、焼物2種と小鉢の八寸、炊き合わせ、食事の〆は蕎麦と甘味という贅沢さ。この会席だけでも、この店の引き出しの多さと和の真骨頂が味わえる。ただ、この店のもう一つの大きな魅力は鉄板焼きだ。静岡県産黒毛和牛、フォアグラ、焼津小川港水揚げ地魚、旬野菜などが味わえる。とことん味わいたいなら昼会席に、有東木のわさびで味わう静岡そだち黒毛和牛網焼きをプラスすることも可能なのだからたまらない。女性にはもちろん、しっかり食べたい男性も満足できる店だ。

巧~taku~

静岡市葵区七間町16-7 OMACHIビル2F
054-293-4151
12:00～13:30(LO)、17:30～22:00(LO)
休 月曜・第3火曜
P なし

【席数】カウンター含め全30席、個室あり(6席)
【煙草】全席禁煙
【予約】コースは要事前予約
【CARD】可
【アクセス】新静岡駅から徒歩10分

静岡市駿河区

和処 若松

ワドコロ ワカマツ

野菜は、掛川市のオーガニック野菜「しあわせ野菜畑」で育てられた旬のものが中心。化学調味料などは使わず、美味しい物を少しずつ。品数の多さに満足感が味わえる和食のランチ

歴史と伝統工芸に触れ
元気になれる優しい和食

東海道五十三次の20番目の宿場町だった歴史ある丸子。古民家をリノベーションした和処「若松」は2024年8月にオープンしたばかり。木の香りが漂う店内でランチがいただける。

丸子の名物といえば、古くから栽培されてきた自然薯。ランチは、自然薯をすりおろしてだしで溶いたとろろ汁のほか、出汁巻き卵やきたあかりのサラダ、つるむらさきのおひたし、白身魚のパン粉揚げなど9品とご飯とお味噌汁。器にもこだわり、冷たい料理を冷たいままいただける錫の器や、漆塗りの小皿、地元の窯元に特注した小鉢など、職人によって丁寧に作られた作品ばかりだ。そのほとんどは、近隣にある伝統工芸体験施設「駿府の工房 匠宿」で販売されているので、食後に立ち寄るのもおすすめ。旅人がかつてこの地で旅の疲れを癒やしたように、心と体をゆっくりと休められる場所だ。

2

4

3

6

5

1

1_自然薯は地元静岡のもの。長芋より粘りが強くて味が濃く、古くから「精がつく」と言われてきた　2_丸子の山の景色を楽しみたいならカウンターに座るのがおすすめ　3_丸子の一棟貸し古民家宿「泉ヶ谷工芸ノ宿　和楽」の朝食会場でもある若松。ランチでいただけるのは和楽の朝食と同じメニュー。和楽の女将、廣江晶子さんは「優しい味のランチとともに、器も楽しんでいただけたら」と話す　4_木の香りが漂う店内。壁面に飾られた富嶽三十六景をみるのも楽しい。精巧な駿河竹千筋細工の照明など、伝統工芸品の美しさにも目を奪われる　5_デザート(バニラアイス)と飲み物のセットは、ランチの後、別途600円　6_木々が美しい丸子の山を背景に佇む若松

おすすめメニュー

ランチのみ　2,500円
(デザート・ドリンクセット　+600円)

ランチタイムの料金の目安　2,500円〜

和処 若松

静岡市駿河区丸子3283-1
☎050-5530-4338(工芸ノ宿 和楽フロント)
🕒11:30-13:30(LO13:00)
㊡月曜、火曜
Ⓟ3台
HPinstagram@wakamatsu_izumigaya

【席数】19席、個室あり(4名様まで)
【煙草】全席禁煙
【予約】ある方がベター　【CARD】可
【アクセス】JR静岡駅から車で20分

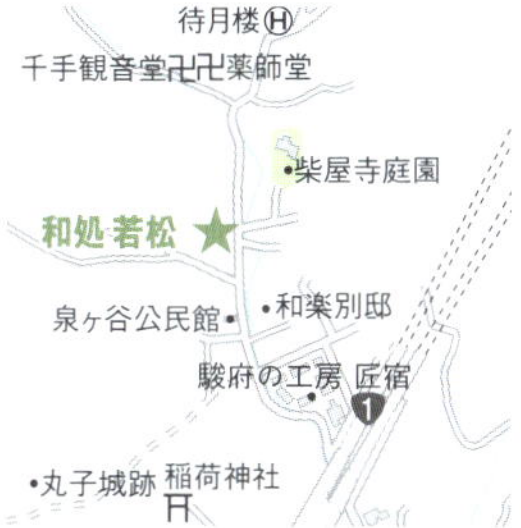

静岡市葵区

小料理 そっせ

そっせ

1_コースの一例。金目鯛と加茂なすのふき寄せ揚げ　2_コースの一例。車海老と夏野菜のにこごり　3_お昼のおまかせ会席の一例。一つ一つに丁寧な仕事

おすすめメニュー

おまかせ会席5,500円～　ご予算に応じて

ランチタイムの料金の目安　5,500円～
ディナータイムの料金の目安　8,800円～

4_カウンター越しに調理する様子、香り、音を楽しめる　5_夜はお酒に合う料理と一緒に味わいたい

大人におすすめのカウンター会席
ランチは予約制で貸し切りも可能

こぢんまりとしながらも、ゆったりとした9席のみのカウンター席に腰掛け、店主の丁寧な手仕事を眺めながら、おいしい日本料理がいただける大人におすすめしたい良店。ここを利用するなら気心の知れた友人との会食や記念日などの利用が向いている。上質感がありながらも、堅苦し過ぎない雰囲気も大人にはちょうどいい。本来は夜のコースがメインで、利き酒師でもある店主が選りすぐった日本酒など、夜にはその日のアラカルトも選べるだが、事前に予約をすれば、昼でも3名から貸し切り可能。季節のおまかせ会席が味わえる。内容は前菜から始まり、お椀、お造り、炭火焼き、揚げ物、炊き合わせなど、ご飯とデザートまでを味わえる。新鮮な地魚や地場野菜などの素材選びにもこだわり、清らかな澄んだ味わいが持ち味。この内容でこの値段なら納得だ。

小料理 そっせ

静岡市葵区七間町19-1人宿町離宮1F
☎054-272-0308
🕒12:00～14:00（ランチは予約制）、18:00～23:00（LO22:30）
休日曜
Pなし
【席数】カウンター9席
【煙草】全席禁煙
【予約】ランチは予約のみ
【CARD】可
【アクセス】静岡鉄道新静岡駅から徒歩10分

静岡市葵区

池作《いけさく》

1

2

3

1_名物の一つ、うな梅丼。梅干しを混ぜ込んだご飯の上に鰻がのっかる　2_観光客も大喜び、静岡ならではの、うなボーンとわさび漬け　3_ふんわり食べやすい鰻重で、これぞ王道の味わい

おすすめメニュー

鰻重　並　3,900円

ランチタイムの料金の目安　3,100円〜
ディナータイムの料金の目安　3,100円〜

4_味わいのある店内。昔ながらの雰囲気で落ち着く　5_これでもか！というほどワサビが乗った、うなわさ丼

ふんわり、ほんのり甘め
静岡市民に愛される気さくな鰻屋

地元で愛されている昔ながらの鰻屋さん。蒸してから焼き上げる関東風で、柔らかく、ふんわりとした食感に仕上げた鰻で、タレは長年使っているコクのある少し甘めの味わい。これがふわふわした食感の鰻には、ちょうどいい塩梅だ。この店はある意味で、まるで静岡の縮図のよう。老舗がチラホラ残る静岡の街中で、この店も創業昭和元年と、百年近くの歴史を持つ。そんな老舗だからこそなのか、まったく気負わない気さくな雰囲気がいい。このスタイルに迷いなし。普通は鰻といえば山椒だが、ここではわさびが大量に乗ってくる名物の鰻丼や、禁断の取り合わせと言われる梅干しをご飯に混ぜ込んだ鰻丼など、聞けば冗談みたいだが、食べてみれば、ここに一つの王道を感じる。店構えも昔ながらで親しみやすい。気取らず、変わらず。開発が進む人宿町の中で、どうかこのままのスタイルを保ってほしい。

池作

静岡市葵区人宿町2-6-1
☎054-252-0952
🕒11:00〜13:30、16:00〜18:00
(売り切れ次第終了)
休火曜、水曜
P2台
【席数】全24席
【煙草】全席禁煙
【予約】ある方がベター
【CARD】不可
【アクセス】JR静岡駅から徒歩15分

静岡市駿河区

和の食楽 佐平

わのしょくらく　さへい

これぞ究極の焼き野菜、といえる佐平の看板メニュー。香ばしく焼きあげられたインゲンやとうもろこし、姫にんじんや紫芋など、それぞれの野菜の一番美味しい食べ方が追求されている。(1,200円)

和モダンな隠れ家で
季節感あふれる本格会席料理

　閑静な住宅街に佇む一軒家。入った瞬間、一気に和モダンな雰囲気に引き込まれる。料理番の金子浩さんは、東京銀座や日本橋の日本料理店で修行し、静岡県内のホテルの料理長などを経験。吟味した旬の食材を、繊細な技術を駆使して調理する本格会席料理店だ。ランチ会席の内容は月ごとにかわる。季節感を大切にしたお造りや焼き物、煮物など9品。運ばれてくるたびに、その一皿の美しさと味わい深さに魅了される。看板メニューの焼き野菜を別途追加するのもおすすめだ。焼き加減の研究を重ね、それぞれの野菜の美味しさを丁寧に引き出しているので、野菜の旨みや甘みを感じられる。和食からの変化球も得意で、お造りがカルパッチョになったり、焼き野菜にバーニャカウダソースが添えられることも。敷居の高さを感じさせない居心地の良い空間と料理。少し贅沢な時間を過ごしてみたいときに、ぴったりのお店だ。

1_新鮮な魚を地元清水の魚市場から仕入れ、季節の葉や花で彩った美しいお造り　2_料理番の金子さん(左)と、「もっと多くの方に会席料理を知っていただきたい」と語る妻で女将の八千代さん(右)の細やかな心配りもうれしい　3_ダークカラーを基調とし、床の間があるシックな雰囲気の席も。戸で仕切れば、個室としても利用できる　4_前菜は月ごとに内容がかわり、季節の味覚を楽しめる　5_朝一番にとるだしを使い、丁寧につくられた厚焼き玉子。甘すぎず、しっとりとした食感　6_朱を基調とした障子が落ち着いた和モダンな雰囲気を醸し出している

おすすめメニュー

梅 4,400円　竹 6,600円　松 8,800円

ランチタイムの料金の目安　4,400円〜
ディナータイムの料金の目安　6,600円〜

和の食楽 佐平

静岡県静岡市駿河区中吉田36-1
054-262-1156
昼席11:30〜14:00、夜席17:30〜22:00
休水曜　P8台
HPhttps://www.instagram.com/washoku.sahei/

【席数】25席(個室３部屋)
【煙草】全席禁煙
【予約】前日まで　【CARD】可
【アクセス】静岡鉄道県立美術館前駅から徒歩５分

藤枝市

Chinese Dining 彩桜 ~SAKURA~

チャイニーズ ダイニング サクラ

広東料理をベースに豊富な食材を個性豊かに調理する

このクオリティの本格中華を味わえることに、まず驚く。横

3

1

2

1_記念日や顔合わせなどのハレの日使いにも利用される店だ。ビールや紹興酒、焼酎、ワインなどアルコールメニューも豊富　2_オーナーシェフの良知さん。1人で何でも手早く作る　3_ランチ「白身魚の唐揚げ黒酢ソース」1,980円。黒酢酢豚の魚バージョン。ランチはいずれも副菜4種盛り、スープ、ライスまたは白粥がセットになっている

浜中華街や東京で修行し、古典的な広東料理にオリジナルの手法をプラスした料理を提供する良知さん。藤枝・瀬戸谷の井口彩園の無農薬野菜などをはじめとする地元野菜や、県内外から取り寄せる中国野菜など、多種多様の野菜を入手。それに各地で水揚げされる旬の鮮魚等と組み合わせ、メニューを構成していく。上品な味付けで胃もたれしにくいので、年配の方にも好評だ。日替わりランチは6種類からセレクト。白身魚もしくは豚を使った黒酢ソースと、海鮮と野菜の塩味炒めは、お客さんからの要望が高いため外せないそう。黒酢ソースは酢がツンとしすぎずまろやかで食べやすいので人気があるのも納得。なお、夜は王道の中国料理もあるが季節の食材を使った黒板メニューは見逃せない。その日にしか登場しないメニューもあるので、気になったら食べておくことをおすすめする。

ランチ「蟹身あんかけ炒飯セット」1,815円。人気の蟹身あんかけ炒飯と、錦糸しゅうまい、赤米しゅうまい、プレミアム自家製しゅうまい、翡翠海老蒸し餃子点心4種、スープが付いたセット

ランチ「生ホタテ貝と野菜の塩味炒め」2,310円。この日は北海道産の大きくて新鮮な生ホタテが手に入った。冬はホタテが牡蠣になることも。+360円で点心2種、+264円で自家製杏仁豆腐を付けることも可能

おすすめメニュー

日替わりランチ　1,815～2,310円
麻婆豆腐　1,408円
エビのチリソース　1,738円
五目あんかけ焼きそば　1,518円

ランチタイムの料金の目安　2,500円～
ディナータイムの料金の目安　5,000円～

Chinese Dining 彩桜 ～SAKURA～

藤枝市泉町774-7
☎054-636-7572
🕒11:30～14:00(LO13:30)、17:30～21:00(LO20:30)
休月曜、不定休　P8台
HP Instagram @chinese_dining_sakura
【席数】テーブル16席、カウンター5席
【煙草】全席禁煙　【予約】ある方がベター
【CARD】不可　電子決済可
【アクセス】東名大井川焼津藤枝スマートICから車で5分

静岡市葵区

中國料理 克弥屋

ちゅうごくりょうり かつみや

2

1

5

4

3

美しいしつらえを楽しみながら中華の松花堂弁当をいただく

まるで料亭のようなスッとした佇まいの店がある。気になるけど入るには少し勇気がいるかもしれない。でも、訪れてみるとファンになること間違いなしの店だ。ランチで提供している松花堂弁当は、前菜3種、点心3種、主菜3種に、ご飯、スープ、中国茶、デザートの杏仁豆腐がつく。その一つひとつに店の個性が出るよう、工夫を凝らす。たとえば苦瓜に鶏肉を詰めて蒸したり、酢の物にはコリコリとした歯応えのクラゲの胴部分を使用したり。味や量のバランスに気を配り、香辛料やにんにくの使用を控えめにし、中華料理といえどくどくないので、食べ疲れしない。ちなみに、特に月替わりの春巻きは定評があり、蒸しなす、とうもろこし、稚鮎、白子など春巻きらしからぬ具材が登場する。器、しつらえにもこだわりを感じるので、良い時間が過ごせること間違いなし。

「克弥屋の松花堂弁当」2,200円

おすすめメニュー

克弥屋の松花堂弁当 2,500円
夜のコース料理　6,000円
（前菜の盛り合わせ、点心2種、一品料理４品）

ランチタイムの料金の目安　2,200円～
ディナータイムの料金の目安　5,500円～

1_「焼き餃子」680円と甕出し紹興酒。自家製の皮を使い、にんにく不使用の餃子。皮が厚めで、その分、中の肉汁を抱きかかえており、小籠包のような仕上がり。ジューシーで食べ応えがある。四川料理で使う香りが強い漬物・ヤーツァイをアクセントと隠し味で使用。そのままでもおいしいが、すだちや柚子などの季節の果実と、醤油を合わせたものでいただく　2_ランチのデザートの杏仁豆腐と中国茶。杏の芯の部分を粉砕し、生クリームやココナッツミルクに香りづけしてつくる　3_実は洋食出身の石川さん。バーテンダーをしたり、日本酒専門店で働いたりとお酒にも詳しい。中華や和食店での経験を経て、「克弥屋」をオープン　4､5_内観

中國料理 克弥屋

静岡市葵区駿河町4-5古川ビル1階
☎054-689-5347
🕒12:00～14:00（ランチ前日予約制）、17:00～23:00（LO22:00）
休日曜　Ⓟなし
HP Instagram @katsumiya.chuka

【席数】テーブル12席、カウンター8席
【煙草】全席禁煙　【CARD】可
【予約】ある方がベター、昼は要予約
【アクセス】JR静岡駅から徒歩20分

静岡市葵区

中国料理 村松

チュウゴクリョウリムラマツ

料理は大皿を披露してから客の皿に取り分ける。写真はメインの一例「魚の姿蒸し中華風」。その日の良い魚を使用する

充実のコース料理で静岡の味覚を存分に堪能

つい見落としてしまいそうな北街道沿いの一角にある中国料理店は、2022年2月22日に開店。予約制で一日一回転、はじめに予約した客の希望時間に合わせてスタートするという営業スタイルだ。

オーナーの村松祐典さんは浜松の「静華」、のち大阪の名店で中国料理の基礎を学んだ。「お客さまにライブ感を堪能してもらいながら、自分もお客さまとの会話を楽しみたかったので」と、席は厨房が目の前のカウンターのみ、メニューも「おまかせコース」のみとなっている。コースの内容は約13品目と盛りだくさん。地元の静岡に戻り、食の豊かさを再認識したという村松さんの中国料理は、鮮魚を中心に静岡食材をふんだんに活かす。前菜からメイン、デザートに至るまで、その料理愛を堪能してほしい。

1、2_「中華風お造りサラダ」。魚はその日によってハナダイ、ブリなどに代わる（写真はアジ）。大根やニンジン、ビーツ、ルッコラ、カシューナッツ、春巻きの皮などを散りばめ食感、彩り、味わいを豊かに　3_特製ダレに漬けこんで焼きあげた「富士宮産ルイビ豚のチャーシュー」。軽やかな食感なのに旨みたっぷり　4_ランチで昼飲みを満喫する人も多いそう。酒類は紹興酒、ワイン、日本酒が豊富　5_店主の村松さん。カウンターでの会話も楽しい

おすすめメニュー
おまかせコース　14,300円

ランチタイムの料金の目安　15,000円〜
ディナータイムの料金の目安　15,000円〜

中国料理 村松

静岡市葵区太田町9-3
☎090-8657-5416
営予約状況による
休不定休　P近隣有料P利用
HP https://www.instagram.com/tyugokuryori.muramatsu/

【席数】カウンター8席
【煙草】全席禁煙
【予約】必須　【CARD】可
【アクセス】静岡鉄道音羽町駅から徒歩15分

静岡市葵区

Rosa Blanc

ロサブラン

「海の幸のパエリアコース」3,500円。キャロットとフルーツのラペ、ロサプレート、デザート、食後の飲み物付き。こだわりのブイヨンとサラダのキャロットラペは普段は別の仕事をしているご主人の担当。写真のパエリアは2名分

自分だけのために用意された贅沢時間
本格パエリアに舌鼓

住宅街の一画に佇む邸宅レストラン。こだわりの絵画や作品、アンティークに彩られた一室。四季折々の庭を眺めながら、ゆっくりと時間が流れていく。店主の阿部弘美さんが３５年の教員生活を経て、予約制のレストランを始めたのは２０１７年のこと。「家族の好物がコンセプト。胃袋つながりの家族なのよ」と笑う。その言葉を真に受けて、いわゆる「主婦の手料理」を想像したら大間違い。パエリアを一口食べてみると、その味の複雑さに驚く。肝とも言うべきブイヨンは、鶏ガラをベースに数種類の香味野菜とサフランを少々、２時間煮込んで完成する。ブイヨンは実はご主人の担当なのだとか。そこに厳選された魚介をイン。たちまちおいしいハーモニーを奏でる。店主が追い求めるのは１９９０年代のバルセロナの名店の味。セラーに眠るワインもお試しあれ。

1_「海の幸のパエリアとミニステーキのコース」5,000円。「かごしま黒牛(和牛・A5クラス)」のヘルシーなランプ肉を本わさびでいただく(3名より)2_「ロサプレート」ガーリックチキンとビーフストロガノフを少しずついただける　4_デザート2種　ウイークエンド・シトロン(大切な方と過ごす週末に召し上がれというロマンチックな名前の付いたレモンのパウンドケーキ)アフォガード(バニラアイスクリームに淹れたてのエスプレッソをかけた大人のデザート)5_チャーミングなマダム　3・6・7_眠り姫のお城をイメージしたという。「でも中にいるのは魔女ですよ」と笑う店主。春になるとピンクのつるバラが香る

おすすめメニュー

A.海の幸のパエリアランチ　3,000円
B.海の幸のパエリアコース　3,500円
C.パエリアとミニステーキのコース 5,000円
※AとBは2名～、Cは3名～

ランチタイムの料金の目安　3,000円～
ディナータイムの料金の目安　7,000円～

Rosa Blanc

静岡市葵区大岩1-2-11-2
☎090-7036-6093
🕐11:30～15:00、17:00～21:00
㊡不定休　Ⓟ2台
HP Instagram @rosablanc20170712

【席数】テーブル8席　【煙草】全席禁煙
【予約】要予約　※1組限定
ショートメールか電話にて予約を
【CARD】不可　現金のみ
【アクセス】JR静岡駅から車で10分

藤枝市

創作料理 kyo

そうさくりょうり キョウ

4

1

5

3

2

秘密にしたくなる居酒屋が提供する創作ランチコース

焼津小川港の新鮮な魚を中心に、店主自ら山から採ってくる天然キノコ、藤枝近隣の農家や自家製野菜などの新鮮な野菜など、旬を感じる食材を目当てに訪れる人が多い店。一見、普通の居酒屋だが、実はこちらではイタリアンベースの創作ランチコースがいただけるのだ。前菜４点盛り、魚料理、パスタ、デザート、ドリンクがセットになって、お値段は１５００円とお手頃。２日前までの予約制だが、わざわざ予約してでも訪れる価値があるため、女性を中心に口コミで人気がある。居酒屋ならではのいろいろな味が楽しめる前菜４品に始まり、盛り付けも華やかで手が混んだ魚料理、そしてパスタは和風やイタリアンなど食べやすい味付けで、お腹を満足させてくれる。締めの揚げアイスは、揚げ立てすぐなら熱々と冷たさの両方が楽しめるので急いで口に運ぼう。

店主ひとりで営業しているため２日前までに要予約。この日の前菜はささみのチリソース・アジの南蛮漬け・ニンジンナムル・揚げ出し豆腐の煮物、メインはカンパチのカツレツ、パスタはベーコンときのこのバジリコだった

おすすめメニュー

ランチお料理　1,500円
宴会コース　2,500円・3,000円・3,500円
※4〜16名程度　※+1,500円で飲み放題

ランチタイムの料金の目安　1,500円
ディナータイムの料金の目安　3,000円〜

1_夜メニューで必食なのは「キノコ汁」500円（季節限定）。毎週わざわざ山梨の山に行き、きのこを採ってくる。継ぎ足しで作っており、いろいろなキノコの味が混ざり合い、深みのある味に。締めで飲めば二日酔い対策にも　2_藤枝出身の店主・片山さんは、東京でイタリアンを学んだあと、いずれは地元で魚と野菜をメインにした店を開きたいと和食などの基礎も学び、10数年前に店をオープンした　3_夜メニューの「鮪のカマ塩焼き」920円。お好みで醤油をかけて　4_内観　5_ランチのデザートの揚げアイス

創作料理 kyo

藤枝市田沼1-27-15　☎054-636-0800
🕒火〜土11:30〜14:00（LO13:30）、火〜土18:00〜22:30（LO22:00・ドリンクLO22:00）、日18:00〜21:30（LO21:00）※状況により早閉めする場合あり　休月曜　P2台
HPhttps://sosakuryorikyo.gorp.jp
【席数】テーブル16席、カウンター4席
【煙草】全席喫煙可
【予約】ある方がベター ※ランチは2日前までに要予約
【CARD】不可　電子決済可
【アクセス】JR藤枝駅から徒歩8分

静岡市駿河区

スペイン食堂 Comedor Travieso

コメドール トラビエソ

やんちゃに陽気に
パエリアを楽しんで

　ワインを片手にパエリアを囲み、わいわい楽しく過ごしてほしい。店主の佐藤恭平シェフはそんな思いを込めて、お店に「食堂」、そしてトラビエソ＝やんちゃという語を織り交ぜた。カジュアルでも味は本格的。食材はスペイン産の生ハムやサラミ、にんにく、イベリコ豚はもちろん、藤枝市「河原崎農園」のトマト、桜エビやシラス、金目鯛、富士山のふもとで育った豚や牛、三保のガルシアチーズのフレッシュチーズと厳選され、地元への熱い思いも感じられる。

　看板料理はやはりパエリア。静岡の老舗スペイン料理店「サングリア」で若くして料理長となり腕を磨いた佐藤シェフは、バレンシアのパエリアコンクールで入賞経験を持つ名人。米の一粒一粒に濃厚な出汁が沁み込んだパエリアは、ボリュームたっぷりなのになぜかするりとお腹に収まってしまう。この幸せな満腹感を何度でも味わいたい。

おすすめメニュー

Aランチ（前菜盛り合わせ、本日のパエリア、ドリンク）1,870円
Bランチ（前菜盛り合わせ、本日のタパス、
本日のパエリア、ドリンク、プチデザート）2,640円
●バルセロナ風　魚介のパエリア　M3,080円　L4,180円
●海老と温野菜のカタルーニャ風フォンデュ1,595円
●河原崎農園トマトとケソフレスコ1,540円

ランチタイムの料金の目安　2,000円
ディナータイムの料金の目安　5,000円

1_Bランチの前菜盛り合わせは日変わりだが、昼からワインが進んでしまいそうな魅力的なラインナップ。取材時にはチョリソーやサルチチョンに真鯛のマリネ、トルティージャ、2日ほど時間をかけて漬け込んだスペイン風ニンジンサラダなど盛りだくさん。そこにタパス「広島産牡蠣と藤枝のカラフルトマトのアヒージョ」、とメインの魚介のパエリア、プチデザート、ドリンクがつく　2_地元の素材の美味しさを追求している佐藤恭平シェフ　3_佐藤シェフが惚れ込んだ藤枝　河原崎農園のカラフルなトマト。旨味が濃く甘味と酸味のバランスが抜群　4_5_オープンキッチンで居心地の良い店内　6_気安くドアを開けて入って行けるエントランス

スペイン食堂 Comedor Travieso

静岡市駿河区さつき町4-15　静岡森下マンション1F　☎054-204-5129
11:00~15:00、17:30~22:00
休火曜＋不定休　Pなし　提携コインパーキング「三井のリパーク静岡豊原町」※1グループ（車1台分）の駐車料金を一部負担
HP https://comedor-travieso.com/
【席数】テーブル24席
【煙草】全席禁煙
【予約】ある方がベター　【CARD】可
【アクセス】JR静岡駅から徒歩15分

静岡市葵区

CurryDeDeux

キュリードドゥ

ねかせ玄米にエビの出汁が濃厚なルーを合わせた「エビカレー」1500円。ゴーヤや紫キャベツ、ナス、リーフサラダと旬の野菜もたっぷり載る

プロの料理人が「旨いグルテンフリー」に挑戦

元フレンチの料理人で、都内の鮮魚店で魚の扱いを覚え、割烹料理店でふぐの取り扱いを学んで免許を取得。そんな経歴の持ち主が「キュリードドゥ」オーナーシェフの渡邊伸也さんだ。グルテンフリーであり、NO MSG（グルタミン酸ソーダ無添加）でありながら、おいしい料理を提供しているこの店には食への意識が高いお客も多い。「単純にビジネスとして考えるなら小麦粉を使って揚げ物を出した方が採算は合うと思います」と話す渡邊さん。それでも「人は内側からしか変わらない」というブレない思いが、ヘルシーで身体に優しい料理の追求に結びついている。

フレンチの手法と魚介の扱いを学んだプロの料理人が、手間暇をかけて作り出す料理は何よりおいしく、滋味深い。こだわりの調味料や食材、調理法について、ぜひ渡邊さんに聞きながら料理を味わってほしい。

おすすめメニュー

エビカレー1,500円
プラントベースパンケーキ1,000円
チャイ（ミルクorソイミルク）600円
おまかせコース（要予約／1日1組）2名より 1名6,600円~

ランチタイムの料金の目安　1,500～2,000円
ディナータイムの料金の目安　3,000円

1_13時以降のティータイムに登場する、米粉で作った「プラントベース　パンケーキ」1,000円。自家製ミックスベリーのジャム、豆乳ベースのベジクリームが添えられる。ふんわりと軽い食感で、ジャムとクリームと共にいくらでも入りそう。 2_オーガニックの自家焙煎コーヒー600円。 3_オーナーシェフの渡邊伸也氏。フレンチや和食の料理人を経ているからこそ、グルテンフリーで、なおかつおいしい料理にこだわる。 4_カウンターのみの店内では、食材や調味料について渡邊シェフにいろいろ話を聞きながら料理をいただくことができる。 5_北街道とは反対側がキュリードドゥの入口となる。マルシェ出店やイベントのお知らせも要チェック。建物入口の横に1台分の駐車スペースを用意。

CurryDeDeux

静岡市葵区横内町12小路店1号
☏050-7117-3966
営11:30～21:00
休水曜　P1台
HPhttps://www.instagram.com/currydedeux/

【席数】カウンター4席（6～8名）
【煙草】全席禁煙　【CARD】不可
【予約】11:30~のみ予約可能、夜は要予約
【アクセス】静岡鉄道「音羽町」駅から徒歩6分

静岡市駿河区

ABURI ALLA GRIGLIA

アブリ アラ グリーリャ

「エビと旬野菜のアーリオ・オーリオ」1,800円。写真は+300円の大盛り。トマト、ブロッコリー、オクラなど野菜15種類以上。自家製ハーブなどを使ったハーブ塩、オリーブオイル、にんにくといったシンプルな味付け

感性あふれる空間で 時間を忘れて食事を愉しむ

国道1号線、匠宿へ向かう道に入ってすぐにある特徴的な建物。店内に入るとオーナーの萩原さんが厨房の奥から顔を覗かせてくれる。ほんのりと灯す照明、萩原さんの妹が手がける精巧なクロスステッチ作品、大きな窓の外には丸子の森のような内庭が見える。まずはプチデザートのようなかわいい見た目の前菜の盛り合わせをいただく。続いて、パスタ。シンプルな調理の仕方がスタンスで、胡椒が効いた大人な味。そして、パスタが見えないくらいゴロゴロとした大きめの具材がのって食べ応えがある。この日のデザートは、アーモンドのプラリネをイタリアンメレンゲと合わせたフランスの冷たいケーキ「ヌガーグラッセ」。アーモンドのざっくとした食感、クランベリーのほのかな酸味が堪らない。まるで時が止まったかのようなゆったりとした時間が流れる。大人な時間を過ごすのにぴったりな店だ。

1_「海の幸ときのこのトマトソース」1,800円。エビ、いか、ほたて、はまぐりなどの海の幸と、しいたけ、しめじ、エリンギ、舞茸などのきのこを使用。ほんのりピリ辛の味　2_前菜の盛り合わせ　3_デザートはイタリアやフランスのデザートなどから日替わりで　4_女性オーナーの萩原さん。1990年代にオープンし、かつては焼き台で炙り物やグリルチキンなどを提供していた。今はランチのみで営業。調理から接客まで一人ですべてをこなすため、時間に余裕がある場合のみ来店を　5_店内の様子

おすすめメニュー

スパゲッテーニ各種　1,300円／1,500円／1,800円
前菜盛り合わせ&ミニサラダ&メイン料理　2,300円
煮込みハンバーグ　1,300円
本日の手作りデザート　500円

ランチタイムの料金の目安　1,300〜2,300円

ABURI ALLA GRIGLIA

静岡市駿河区丸子3398-8
054-258-5423
11:30〜15:30(LO15:00)
休火・水曜　※定休日前後で連休になる場合あり
P8台
HPInstagram @ABURI

【席数】テーブル14席、カウンター4席
【煙草】全席禁煙　【予約】ある方がベター
【CARD】不可　電子決済可
【アクセス】静清バイパス丸子ICから車で1分

静岡市清水区

PP LUNCH

ピピランチ

旬の野菜ときのこのベシャメルチーズ煮

熱々のスキレットにのった ジューシーなハンバーグ

元ジムインストラクター&元教師という経歴を持ち、7年前から栄養や食事に興味を持ち飲食の道へ入った栗田さん。イタリアンバル「Glow up」の厨房で料理を学び、週3日、ランチタイムだけ間借りしてオープンしている。ボリュームも栄養バランスもコスパも抜群のランチのメインは、熱々スキレットで提供するハンバーグ。ジューシーさと肉感の両方を出すために、肉の割合やつなぎの配合を試行錯誤して作ったこだわり逸品。これに添えられるのが、旬の新鮮野菜をたっぷり使った週替わりの選べる3種のデリプレート。デリ、サブデリ、ソースデリをそれぞれチョイス。ライフスタイルやその日の気分でガッツリにもさっぱりにも組み合わせられるのが魅力。ソースデリはハンバーグにかけてもそのまま食べてもおいしい。季節の炊き込みご飯とおかわり自由の日替わりスープ付き。ドリンクや週替わりの手作りデザートも追加できる。

おすすめメニュー

本日のピピランチ　1,300円
(特製ハンバーグ+週替わりの選べる3種デリプレート+季節の炊き込みご飯+日替わりスープ)
ソフトドリンク　+200円
日替わりデザート　+400円

ランチタイムの料金の目安　1,300円～

1_ある日のランチ。特製ハンバーグ、生姜香る金時草の炊き込みご飯、デリ(夏野菜の洋風肉じゃが or しっとり鶏ハム)、サブデリ(茄子といろいろきのこの味噌炒め or ピーマンとキャベツのツナの塩昆布和え)、ソースデリ(旬の野菜としめじのベシャメルチーズ煮 or 柚子香るなめこと大葉のおろしポン酢)。おかず全部のせのプレートもあり　2_店内の様子　3_+400円の今週のデザート。濃厚クレームブリュレ さくさくサブレ添え。栗田さんの祖母がお菓子教室をやっていた影響でレシピの種類も豊富　4_スープはセルフサービス。味噌汁、ミネストローネ、コンソメスープなど　5_子育てを終え、趣味で毎日10km走るという栗田さん。休日には直売所を巡り、安く野菜を仕入れることでコストダウン

PP LUNCH

静岡市清水区真砂町1-20「Glowup」内
054-374-9750
11:00～14:00(LO13:30)
休 日～水曜(木・金・土曜のみ営業)　P なし
HP Instagram @p.p.lunch

【席数】テーブル40席、カウンター3席
【煙草】全席禁煙
【予約】予約不要　【CARD】可
【アクセス】JR清水駅から徒歩3分
【備考】電子決済可

静岡市葵区

包（PAO）

パオ

クラフトビールの醸造所直営の餃子専門店の定食

静岡県はクラフトビールのメッカ。その中でも絶大な人気を誇るのが用宗にあるクラフトビールの醸造所「ウエストコーストブルーイング」だ。そのビールに合うようにと、宇都宮の老舗メーカー「栄久食品」が作ったオリジナル餃子が味わえる。ビールに合う餃子だから味が濃いめなのかと思いきや、意外なまでにアッサリ。皮は薄いのに、しっかり、もっちりとしておいしい。まずは、お昼だけのご飯とキムチ、ナムル、スープがセットになったＰＡＯの焼餃子セットを味わって。ここでは自慢の自社のビールはもちろんのこと、果実を使ったサワーやハイボールなど豊富なアルコールドリンクも用意されているので、ランチを兼ねた昼飲みにも最適。夜には水餃子や揚げ餃子なども加わり、キムチやイタリアン、メキシカン風味などの変わりダネにも注目。店の見た目はカジュアル、でも味は本格的で手頃といいこと尽くしだ。

おすすめメニュー

PAOの焼餃子Set（5個）950円、（10個）1,300円
PAOの焼売２種Set（肉焼売2個とカニ焼売２個）950円
ルーロー飯Set　1,200円

ランチタイムの料金の目安　950円〜
ディナータイムの料金の目安　1,500円〜

1_餃子以外のおつまみも豊富。夜でもライスもあり、昼夜問わず、ちょい飲み＆餃子の店として覚えておきたい　2_パクチー揚げ餃子。ボリューム満点の大ぶりサイズで食べ応え抜群。たっぷりな新鮮なパクチーが嬉しい　3_建築家でもあるオーナーがデザインした店舗は、敷地内向かいの系列ボトルショップ「WCB第参番移動式冷蔵庫」との間にテーブル席を設け、屋台のように並ぶ　4_PAOの焼餃子Set（5個）950円はランチ時のみの提供

包（PAO）

静岡市葵区人宿町2-5-19
HITO THE YARD内
054-397-1729
11:30〜15:00（LO30分前）
17:00〜22:00（LO1時間前）
休月曜　Pなし

【席数】カウンター含め全14席
【煙草】全席禁煙
【予約】予約不要　【CARD】可
【アクセス】新静岡駅から徒歩15分

島田市

農家レストラン Da Monde

のうかレストラン ダ モンデ

ビュッフェで味わう朝採れの大井川野菜

体験型フードパーク「KADODE OOIGAWA」のマルシェには、毎朝、JA大井川管内の農家さんから新鮮な朝採れ野菜が直接届けられる。その新鮮な野菜使用した料理をビュッフェスタイルで味わえるレストランがこちら。ホワイトセロリ、カボッキー、ビーツ、カラフル人参、ロマネスコ、ももティー（カブ）といった珍しい野菜も多く、これらの野菜をサラダや蒸し野菜などでいただく。ほかにも金芽米を使用したご飯、お茶の葉を衣に混ぜた天ぷら、焼津のかつお節粉をまぶしたポテトフライ、お茶・柚子・とうもろこし・みかん・落花生・いちじくなどの野菜・果物のジェラートなど、随所に大井川エッセンスが散りばめられた料理が並ぶ。実はこれらの多くは規格外の野菜を活用する目的もあるのだとか。大井川鐵道門出駅のホームに隣接しているので、タイミングが良ければSLが見られるかも。

50種類程度のメニューが並ぶビュッフェ。どれもおいしそうで少しずつたくさん食べたくなる。お茶を使用した茶めしやお茶を入れた天ぷらなど茶産地ならではのメニューも登場する

1_訪れたらぜひ食べてほしいのが、蒸し野菜。好きな野菜を選んでカウンターに持っていくとスタッフが蒸してくれる。バーニャカウダなどのソースをつけていただこう　2_広々とした店内　3_一方の窓側は大井川鐵道を、もう一方の窓側はSL「C11-312」の復元展示を見ながら食事ができる　4_店内で手づくりしているジェラートは日替わりで9種類程度を用意　5_パスタも出来立てを提供

おすすめメニュー

ビュッフェ（90分制）
平日　大人2,400円、小人1,200円
土・日曜・祝日　大人2,650円、小人1,500円

※3歳以下無料　※65歳以上は10%引き　※年末年始は特別料金

ランチタイムの料金の目安　2,400円〜

農家レストラン Da Monde

島田市竹下62 KADODE OOIGAWA内
0120-920-473
ランチ11:00〜15:30（最終受付 14:00）、
カフェ14:00 〜 17:00（LO16:30）
休 第2火曜、1/1、その他臨時休館あり
P 乗用車約550台、大型バス34台
HP https://kadode-ooigawa.jp
【席数】テーブル122席、カウンター24席
【煙草】全席禁煙　【予約】予約不要 ※予約可能
【CARD】可　電子決済可
【アクセス】新東名島田金谷ICから
車で2分、大井川鐵道門出駅直結

心癒されるランチ

美味しい料理はもちろんのこと、
わざわざ外出して食事をする楽しみの一つは
特別な脱日常の癒し。
レトロな古民家や、自然豊かなロケーションも
ご馳走の味付けに。
そんなレストランを紹介します。

「和のごはん」の一例。スパイスの八角が効いたはるさめの野菜あえ、なすの肉巻き、豚の梅酒煮など、滋味に富んだコース料理

静岡の街並みを一望する

一日3組限定の食堂

心癒されるランチ

駿河区

おしかの丘食堂

おしかのおかしょくどう

東名高速道路の脇を通る県道を上った先、閑静な住宅地の中にある一軒屋レストラン。高台なので見晴らしがよく、静岡の街並みや駿河湾までが一望できる。一日3組の完全予約制、ランチタイムのみ、1組ずつの順番制という営業スタイルで、オーナー夫妻がもてなしている。

メニューは和と洋のセットから選ぶ。「和のごはん」は掛川の蔵元「栄醤油」の醤油を活かした炊き込みごはん、米麹の味噌汁、メイン料理におかず3品。「洋のごはん」は自家製ジャムで味わう自家製パンとサラダ、メインにスープが付き、それぞれ週替わりの内容だ。デザートとドリンクもセットに含まれており、選べる種類も豊富。季節の食材と調味料、見た目にもこだわった心とカラダにやさしい家庭料理を、一組限りのゆったりとした空間で満喫できる。予約をお早めに！

5

6

4

1_セットデザートの一例で「ほうじ茶テリーヌ」。しっとりとした食感にほうじ茶の香りがアクセント　2_オーナー夫妻の娘による手作りの作品も目を楽しませてくれる。子供服の販売も　3_プラス300円でセットデザート2品目をオーダーできてお得　4_「洋のごはん」。写真は野菜たっぷりサラダ、キャベツスープ、鶏肉の赤ワイン煮といった内容。自家製パンは外はカリッ、中はふわっとした食感に焼き上げている　5·6_抜群のロケーションと緩やかな雰囲気のなか、大きなテーブルを一組で囲む。友人同士の集まりや家族でおいしいひとときを過ごすのにオススメ

おすすめメニュー

和のごはん　1,700円
洋のごはん　1,700円
追加セットデザート　300円

ランチタイムの料金の目安　1,700円〜

おしかの丘食堂

静岡市駿河区小鹿1380-1
☎070-4060-3554
🕘完全予約制、3回転(11:00〜12:15、12:30〜13:45、14:00〜15:15)
休水曜、木曜　P3台
HP https://oshikanooka.wixsite.com/mysite
【席数】テーブル6席(一度の予約につき6名まで)
【煙草】不可
【予約】必須(2ヶ月前より開始)
【CARD】不可
【アクセス】日本平久能山スマートICから車で10分

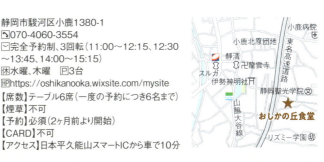

静岡そだちのローストビーフをさっぱりした自家製ソースでいただく。ミニトマトのフルティカやしいたけのグリルを添えて。味わいのある大皿は、愛知県の陶芸家・大澤哲哉さんの作品

深呼吸したくなる森の中で 海と山の幸をいただく

心癒されるランチ

静岡市 葵区

風香る森のホテル 鈴桃

かぜかおるもりのほてる りんどう

静岡市街から車で約40分、森の中にある三角屋根の建物。この土地に代々暮らす15代目で、茶農家でもあるオーナーの鈴木啓介さん、珠さん夫妻が丁寧なおもてなしを提供する一日2組限定のホテルだ。日帰りランチでも利用可能で、前面に茶畑が広がるダイニングルームで、季節の素材を生かした創作料理をいただける。

料理は旬の食材を使い、季節ごとにメニューが変わる。折戸なすや有東木のわさびなど、静岡の名産品を駆使し、どの皿も彩り豊かに、繊細に盛り付けられている。人気陶芸家の作品や北欧の名品などがさりげなく使われていて、器が好きな人ならさらに愉しさが増すだろう。窓の外の緑を見て、ゆっくりとデザートと緑茶をいただくころには、身も心もすっかりリラックス。豊かな時間を過ごせる森の中のホテルへ、足をのばしてみてはいかが?

2

1

4

3

7

6

5

1_地元で水揚げされたものを中心にしたお造り。スモークしたタコは旨みが凝縮されている。北欧ブランド・マリメッコのプレートにお造りを盛り付けるなど、自宅でもまねしたくなる器使い　2_折戸なすの揚げ煮とハモの唐揚げの梅肉あんかけ。栗の田舎煮、イチョウの葉型のサツマイモで彩られた秋の一皿　3_森の中で、手作りのあたたかいおもてなしをしてくれる鈴木さん夫妻。珠さんが着用している制服も手作り　4_冬瓜とエビ、和牛冷しゃぶ入りの冷製茶碗蒸し。ヒバの葉の深い緑色に料理が映える　5_鈴木さんがお茶をアピールするためにつくった緑茶のシフォンケーキは、直売所「JAじまん市」などで購入可能。添加物を使用しておらず、日光にあたると緑茶の成分が変色してしまうため、遮光パッケージ入りで販売されている　6_木のぬくもりが感じられるダイニングテーブルは、鈴木さんが地元の木を切り、何年間も乾燥させた板にアイアンの脚をつけた　7_茶畑と木々の景色に癒やされる。そばには小さな川が流れ、せせらぎの音が心地よい。近くで猿やカモシカが見られることも

おすすめメニュー
ランチ　5,500円、7,700円
(1名様。予約は2名様より)

ランチタイムの料金の目安
5,500円〜
ディナータイムの料金の目安
7,700円〜

風香る森のホテル 鈴桃

静岡市葵区足久保奥組1188
☎054-296-4531
🕒11:30〜14:30、17:30〜21:00
休不定休
P10台
HP resort-rindou.jp
【席数】33席　【煙草】全席禁煙
【予約】完全予約制(前々日まで)
【CARD】可
【アクセス】新東名新静岡ICから約20分。
＊途中一車線の細い箇所もあり

山の恵みの味を古民家でいただく 自然薯の味の濃さに感動

心癒されるランチ

静岡市葵区

音吉《おときち》 -otokichi-

静岡の中山間地・足久保に、わざわざ足を運びたい食事処がある。「父と山で天然のとろろを採ってきてよく食べててね。それがすごくおいしかったから、その味を再現してるんだ」と話す店主の白鳥さん。かつて茶農家だった実家を改装して店舗として貸し出していたが、コロナを機に店舗が空いてしまったという。白鳥さんは名古屋のホテルで板前をやっていたが、それならと帰郷して店を開いた。自然薯は昔食べていた味に近かった新間の農家さんがつくるものを使用。とろろは味噌汁で割ってつくるのが一般的だが、「音吉」の場合は味噌汁を入れすぎないのが特徴。自然薯本来の味が楽しめるようになっているので、食べてみると違いに驚く人が多いはずだ。懐かしい雰囲気の古民家だからこそ、その味もまた格別に感じるはず。山の恵みの味をじっくりと堪能したい。

おすすめメニュー

ランチ　1,760円

ご飯、とろろ、桜えびととろろの磯辺揚げ、小鉢3種、お吸い物、自家製漬物

ランチ　2,860円

前日12時までに要予約

ランチタイムの料金の目安　1,760円～

1_「ランチ」2,860円。ご飯、とろろ、桜えびととろろの磯辺揚げ、生野菜と自家製焼き味噌、地元の恵みの盛り合わせ、マグロのお造り、茶そば、小鉢2種、お吸い物、自家製漬物（内容は季節により変更あり）。とろろに入れる味噌汁は白鳥さんのお母さまが手づくりしている味噌とかつお節、サバ節でとった出汁でつくっている。使う食材はできるだけ地元のものを使用　2_店主の白鳥さん　3_気候が良い季節は山の風景を望みながらテラス席でいただくのもいい　4_冬は薪ストーブの火が灯される土間　5・6_古道具や白鳥さんのお祖父さまがつくっていたという竹細工も見応えがある

音吉 -otokichi-

静岡市葵区足久保奥組883

054-395-5777

11:00～15:00　※11:00～13:00と13:00～15:00の2部制　休水曜　P16台

HP Instagram @kominka_otokichi

【席数】テーブル12席、座敷16席、個室4席、テラス8席

【煙草】全席禁煙・その他（喫煙場所あり）

【予約】要予約

【CARD】不可　　現金のみ

【アクセス】新東名新静岡ICから車で12分

4

つくることからもてなすことまで
お腹も心も元気になれる場所

1

2

6

5

3

心癒されるランチ

藤枝市

中里の庄・和

なかざとのしょう なごみ

電気工事の監督をしていたという牧田さんが、定年を機に第二の人生として選んだのが料理人という道。縁があって山口県周南市の自然薯の生産者と出会い、一緒にあちらこちらのとろろを食べ歩き、どうすればおいしいとろろをつくれるかを研究。「いろいろなとろろを食べたが、その生産者の自然薯は粘り強さ、味の濃さが違った。この自然薯でとろろをつくりたいと思った」と話す。生のサバで出汁をとり、麦味噌と合わせた味噌汁で自然薯をのばしていく。自然薯は擦り方ひとつで味が変わる。人の手で丁寧に擦るからできる粘り。ご飯を食べるためのとろろというより、とろろを食べるためにご飯があると思わせてくれる。うっかりするとそれだけでご飯を食べ終えてしまいそうだが、海苔、ネギ、ワサビの薬味による味変もお忘れなく。海苔の磯の香りが加わるとまた異なる風味が楽しめるのだ。

「中里とろろ膳」3,000円。とろろ汁、麦ご飯、揚げとろ or 三種山芋焼き、季節の小鉢、吸い物、漬物、デザート。瀬戸ノ谷の農家さんのお米を使った麦ご飯は、おひつからよそっていただく

おすすめメニュー

とろろ膳　1,800円

とろろ汁、麦ご飯、漬物、吸い物

なごみ膳　2,500円

とろろ膳+季節の小鉢、デザート

ランチタイムの料金の目安　1,800円～

1_自然薯、長芋、大和芋の三種山芋焼き　2_「精進蒲焼御膳」2,000円。生とろろをウナギの蒲焼のように味付けした精進料理　3_揚げとろは、擦ったとろろを椎茸の上にのせたもの、蓮根で挟んだもの、海苔で包んだものの3種類。塩をふって熱々のうちにいただきたい　4_店内の様子　5_ともかく仲が良い牧田さん夫妻。看板犬と一緒に出迎えてくれる。「冬は採れたての自然薯がでてくる。そんな時期のとろろは若い芋って味がするからぜひ食べてほしいね」。　6_左から自然薯、長芋、大和芋。それぞれの食感の違いを楽しめる料理も

中里の庄・和

藤枝市瀬戸ノ谷3768

☎054-639-0029

🕐11:00～14:30（LO14:00）

休木曜、金曜

P11台

HPhttps://www.nakazatonosyou-nagomi.com

【席数】テーブル26席、個室4～6席、テラス6席（ペット連れのみ）　【煙草】全席禁煙

【予約】要予約　【CARD】可、電子決済可

【アクセス】JR藤枝駅から車で30分

【備考】2025年に移転予定

「天ぷらそば」1,500円。そばは手打ち。そば単品は770円

心ほどく自然の中
おいしいご飯と温泉を一緒に

心癒されるランチ

静岡市葵区

こんや銘酒館

こんやめいしゅかん

温泉地として知られる静岡市の中山間地・梅ヶ島にある、3部屋限定の大人のための隠れ宿「こんや銘酒館」。宿ではあるが、予約限定でランチや温泉を楽しめる。小売の酒屋が母体で、フレンチや和食を学んだ足立さんがひとりで切り盛りする。環境で料理やお酒の味は変わるというが、ここはまさにそんな場所。時間があるなら最初に温泉に浸かるのがおすすめ。そして、窓の外に広がる豊かな自然を眺めながら、梅ヶ島の野菜やアマゴ、駿河軍鶏、ジビエなど、地元を中心とした食材を使った心づくしの料理をいただく。バスで行けば、料理と一緒においしいお酒も飲める。そして、また最後に露天風呂にザブンと浸かれば疲れも吹き飛ぶに違いない。なお、魚、ジビエ、軍鶏など入手できないときもあるので、食べたいものがあれば予約時に相談をしておこう。

1_森の中にいるような気持ちにさせてくれる開放的な窓が特徴　2_お食事+500円で温泉に入浴可能　3_囲炉裏で焼くアマゴの塩焼きは人気がある（写真提供:リバティー）4・5_銘酒館と付くだけにお酒の種類は実に豊富。磯自慢、初亀といった地酒から、国産・海外産のワイン、梅、パイナップル、柚子、レモン、すももなどを、日本酒、ブランデー、焼酎、ウイスキーと組み合わせて足立さんが漬けたさまざまな果実酒もずらりと並ぶ　6_お昼のお食事コースの一例。前菜、刺身、焼き物、お肉、そば or ご飯、デザート。予約をもらってから、その日のお客さまのためにメニューを考え、お花を飾るなどのもてなしを整えるという（写真提供:リバティー）

おすすめメニュー

お昼のちょっと軽めのコース　3,500円
お昼のお食事コース（日帰り）　6,825円
夜のお食事コース（日帰り）　8,400円
一泊二食 お泊まりコース（夕・朝食付）16,000円

ランチタイムの料金の目安　1,500円～
ディナータイムの料金の目安　8,400円～

こんや銘酒館

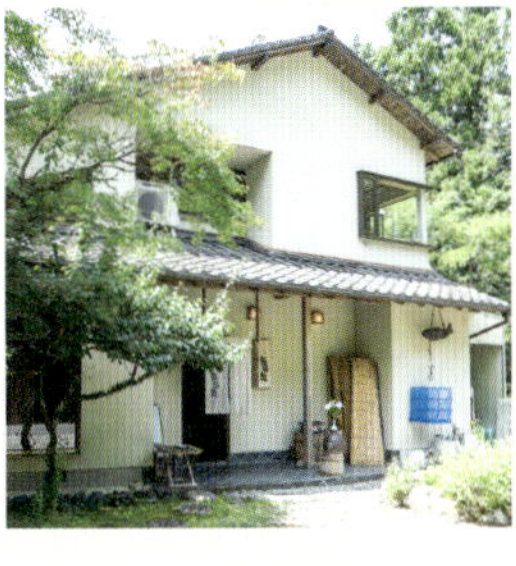

静岡市葵区梅ケ島4219-5
☎054-269-2260　🕒ランチ11:00～15:00
休なし（予約制）　P4台
HP https://konya-meisyukan.com
【席数】座敷12席
【煙草】全席禁煙（外に喫煙所あり）
【予約】要予約　※前日まで。食材指定の場合は1週間前に　【CARD】不可
【アクセス】JR静岡駅から車で75分、しずてつジャストライン「大野木」バス停から徒歩3分
【備考】予約電話はいつでも可能

「和風膳（金豚王の角煮）」1,980円

明治に建てられた美しい建築物を カフェとして開放

心癒されるランチ

牧之原市

古民家カフェ とこ十和

こみんかカフェ とことわ

「素敵な民家があっていいなと思っていたんですが、ある日、空き家になっているのを知って。『魂を引き上げる空間』をテーマにデザインされている設計士さんにお願いしてリフォームしてもらいました」と話す山本さん。この古民家をたくさんの人に使ってもらいたい。自分にできることはと考えたときに思いついたのがカフェだったという。飲食業界で働いてきた調理と接客の経験を生かして2020年にオープンした。選べるランチのメインは和風おろしハンバーグ、ふんわり鶏つくね、いわし明太漬け焼き、和豚もちぶたの塩麹漬け焼き、鶏ささみの梅しそロールとひとくちカツ、塩レモン唐揚げなどからチョイス。お米も味噌も自家製。味噌は大豆から栽培しているというからすごい。やさしい味付けのご飯や食後のデザートをいただきながら、のんびりと流れる時間を満喫したい。

1_「プリンアラモード」660円、「牧之原産自家製レモンシロップのレモネード」480円。プリンはきび糖を入れることでコクをプラス。少し硬めで甘すぎない。プレミアムティーコンテスト受賞の「金谷和紅茶ももか」や松屋式ハンドドリップで淹れる「藤枝かりおもんモカブレンドコーヒー」と合わせても　2_明治33年に建てられたこの家は、歴代村長を務める名家だった。柱や建具などは可能な限り生かし、床はクリ材に張り替えている。マルシェやコンサートのイベントなどの場としても貸し出している　3_季節によっては窓を開放。庭を眺めながら食事を楽しめる　4_女性スタッフたちが愛情こめてランチをつくる　5_入ってすぐの土間はテーブル席に

おすすめメニュー

和風膳 1,680円～

選べるメイン、ごはん、惣菜4品、
汁物（お味噌汁中心）、ミニデザートのセット

ハーフケーキセット　660円

フレンチトースト　900円

ランチタイムの料金の目安　1,680円～

古民家カフェ とこ十和

牧之原市中734
11:00～17:00　※ランチは～14:00
休日・月曜
P30台
HPhttps://www.tocotowa2020.com
【席数】テーブル40席、カウンター6席、テラス4席、個室8席
【煙草】全席禁煙
【予約】ある方がベター　【CARD】可
【アクセス】東名吉田ICから車で10分
【備考】電子決済可

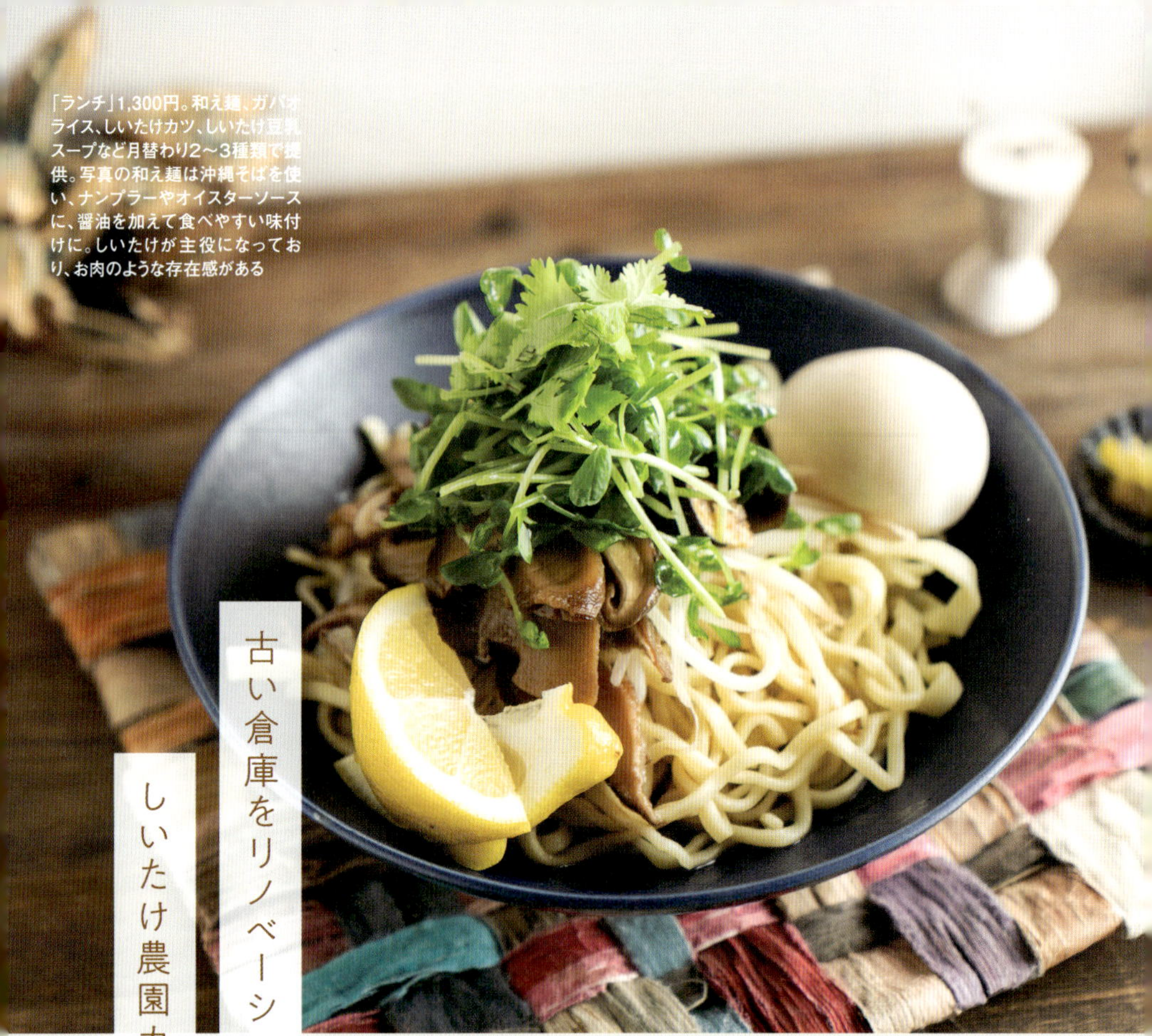

「ランチ」1,300円。和え麺、ガパオライス、しいたけカツ、しいたけ豆乳スープなど月替わり2～3種類で提供。写真の和え麺は沖縄そばを使い、ナンプラーやオイスターソースに、醤油を加えて食べやすい味付けに。しいたけが主役になっており、お肉のような存在感がある

古い倉庫をリノベーションした
しいたけ農園カフェ

心癒されるランチ
静岡市清水区

シイたけぞう

シイたけぞう

「よくおじいちゃんがやっているのかと思われるんですけどね」と笑う山梨さん。店名はみかん農家の傍ら、しいたけ栽培を始めたおじい様の名前に由来するという。保育士として勤めていたが、体調を崩したのを機に、実家の家業のしいたけ栽培を手伝うように。クラフトイベントのスタッフとして参加したことから「うちのしいたけもつくり手の見える売り方にしたい」と思い、一念発起してカフェを開いた。店舗に使っている建物は、かつてみかんの保管や選別に使っていた場所。大工さんの手を借りつつ、漆喰など自分でできるところは自分でやり、お店をつくった。そんな味のある雰囲気の中でいただけるのは、しいたけを使ったランチやカフェメニュー。アジアン料理だったりスープだったり、その時々によってメニューは変わる。5席しかないため事前予約をしてから訪問を。

1_ガパオライスは山梨さんがタイで食べたときの味を再現　2_「プラムソーダ」500円。梅、ライム、レモン、シークワーサーなど自家製シロップのソーダ割り。「シイたけぞうブレンド」HOT500円は、「IFNi COFFEE」焙煎のオリジナルブレンドコーヒー。ハンドドリップで淹れてくれる　3_乾燥しいたけや農園でとれる果物、レモングラスを使ったジャムやシロップも販売　4_原木しいたけはシーズンになるとお店でも販売　5_やわらかい雰囲気の山梨さん。しいたけを使ったレシピを聞いてもよさそう　6_本を読みながらゆっくり過ごすのもおすすめ　7_作家さんの作品なども並ぶアートな空間

おすすめメニュー

ランチ　1,300円　　プリン　600円
ソーダ（梅など）　500円
レモングラス和紅茶　HOT500円
季節のはちみつづけ　HOT500円

ランチタイムの料金の目安　1,300円～

シイたけぞう

静岡市清水区小河内4070-1
☎非公開
🕒11:00～17:00（LO16:30）
休営業日はInstagramで確認を
P4～5台
HP Instagram @shiitakezou_cafe5
【席数】カウンター5席　【煙草】全席禁煙
【予約】要予約 ※予約方法はInstagramで確認を
【CARD】不可　電子決済可
【アクセス】新東名高速道路新清水I.Cより車で10分、東名高速道路清水I.Cより車で30分

1日分の野菜が摂れる蒸籠蒸しがメインのランチセット1500円。自家製のかつお梅とお茶ポン酢のつけだれも絶妙!

オクシズの豊かな恵みを 築百年の古民家で

心癒されるランチ

静岡市葵区

オクシズベース

オクシズベース

自然に囲まれた築１００年以上の古民家。取材で訪れた晩夏には、木サッシの窓の向こうに眩しいほどの緑が揺れていた。静岡市中心部から３０分ほど移動しただけで空は高くなり、景色が一変する。オクシズと呼ばれる静岡市の中山間地の一つ、茶業が盛んな平野地区。「ここでゆっくりしてほしい」と話す代表の冨田和政さんは、仲間と共にここで週末営業のカフェ「オクシズベース」を営んでいる。

特筆すべきは「オクシズランチセット」の野菜やお茶、スイーツのおいしさ。シンプルながら洗練された味わいのメニューを楽しんだ後、詳しく話を聞けば、品評会で入賞している若手茶農家や食品関係者もカフェに関わる仲間なのだとか。何度も訪れて四季の美味を味わい、ここをベースにオクシズを深掘りしたくなる。古民家の時間貸しもしているため、ビジネスにも利用できそう。

5

4

1

6

3

2

1_昔は郵便局だった立派な古民家を、プロの手も借りつつ仲間とリノベした。床はオクシズの木材を使用。レンタルスペースのシステムを使って、ワーケーションなどで長時間滞在したくなる　2_お茶とおやつのセット700円。自家製本わらび粉のわらび餅に、お茶はほうじ茶をチョイス。このほうじ茶のために再訪を誓うほど美味。ゆっくり味わって幸せな気持ちに　3_代表の冨田和政さん。オクシズの情報誌、その名も「オクシズマガジン」を発行し、行政と組んで産業や移住の魅力を伝えるなど、さまざまな方向から情報を発信している　4_さりげない看板が目印　5_入口には鹿の暖簾が　6_自家製蜜のかき氷「静岡産苺 練乳付き」800円は極上の夏のおやつ

おすすめメニュー

オクシズランチセット1,500円
コーヒー（大地の珈琲／足久保地区）500円
緑茶・紅茶・ほうじ茶（志田島園／玉川地区）500円
※お茶は全てティーポットで提供

ランチタイムの料金の目安　1,500円

オクシズベース

静岡市葵区平野21
☎090-3552-7657
⏰11:00～16:00（ランチLO14:00、カフェLO15:30）
休月火水木金　＊土日営業　P4台
HPhttps://okushizubase.com/
【席数】テーブル20席
【煙草】全席禁煙
【予約】ある方がベター
【CARD】可（電子決済もほぼOK）
【アクセス】新東名「新静岡」ICから車で20分

ちょっと一味違うお蕎麦屋さんへ

近くにある身近なお蕎麦屋さんで、
気軽にササっと食べるのもいいけれど、
たまには、ちょっと足を伸ばして、
違うお蕎麦屋さんへ。
お蕎麦以外にも
美味しい食事やお酒もあったりして、
好みに合うお蕎麦屋さんが見つかると、
日常遣いに使い勝手がいいのです。

藤枝の里山で、在来種そばと自然の恵みに舌鼓

藤枝市 めぐり庵

「めぐりそば」(3,000円)は十割そば、田舎そば、落花生のつけだれそばに季節の野菜と鶏むね肉の天麩羅が付く。

3

2

1

1_セミドライにしたいちじくと冬瓜、花オクラがのる「柑橘そば」1,500円。汁はすだちと青みかんを用い、更にすだちとドライカラマンシーの皮を散らして香り高い（季節限定）。柑橘類はほとんどが興津のつきのみ農園から。季節のそばは旬の恵みを一皿に凝縮している　2_「蓮根饅頭」は秋の「里山コース」5,000円からの一品。吉田の農家岩堀さんの蓮根、燻製の鶏肉、銀杏などをまとめた饅頭を里芋のソースで。ゆずの香りをまとわせている　3_「そばがき汁粉」450円。小粒で味の濃い小豆はおそらく藤枝の在来種。炙ることでそばがきの風味を増している

谷稲葉のインターを降りて北へ。景色は次第にのどかになり、いつの間にか里山の古民家に到着。時間にして10分弱なのに「めぐり庵」までのドライブは旅に出たような癒しがある。蓮華寺池のほとりから移転し、2023年8月に待望のオープン。梁あらわしの天井や年代物の建具は趣がありつつよく手入れされていて、どの卓についてもほっと一息つくことができる。

3種の「めぐりそば」は、十割そばが長崎、田舎そばが富山、落花生のつけだれそばが熊本と、それぞれ産地が違う。そこに初秋の旬野菜であるオクラ、茗荷、茄子、いちじくなどが衣をまとった天麩羅がよく合う。在来種のそばや地元の生産家の有機野菜や肉、吟味した調味料を用いる久保田さん。若い頃はバックパッカーとして世界を周り、日本文化の魅力を再確認。江戸時代のそばちょこなど、久保田さんが選んだ器もさりげなく美しい。

おすすめメニュー

もりと野菜と
（もりそば、野菜小天ぷら、豆皿小鉢三種）2,500円
もり　950円
天麩羅　1,200円
だし巻き玉子（1～2人前）　650円

ランチタイムの料金の目安　2,500円
ディナータイムの料金の目安　5,000円

めぐり庵

藤枝市本郷3308
☎070-1627-8080
🕐11:00～15:00(LO14:00)、
18:00～21:00(事前予約)
休木曜、第1金曜（祝日の場合は営業）
P10台
HP https://www.megurisoba.com/
【席数】テーブル6席、テラス4席
【予約】里山コースとめぐりそばは予約可能
【煙草】全席禁煙　【CARD】不可
【アクセス】静清バイパス谷稲葉ICから車で8分

一つひとつが繊細は味付け 全種類制覇したくなる変わり蕎麦

静岡市葵区　手打ち蕎麦 一朋《いっぽう》

手前「すだち」（夏限定）1,300円、奥「クレソン蕎麦」1,400円。クレソンがこんもりと盛られ、蕎麦と混ぜながらいただく。大根の千切りや素揚げのちりめん、ピンクペッパーなどのペッパー類が食感と味のアクセントに

2

1

1_「トムヤムセイロ」。蕎麦つゆをベースにトムヤンクンにアレンジ。魚介類、鶏肉、つみれ、きのこ、ネギ、パクチーを入れ、生クリームで仕上げ。蕎麦をつけ麺にしていただく　2_「けんちん」（秋冬限定）　3_市内の和食店や蕎麦店を経て2012年にオープン。粗挽きの粉を使った二八蕎麦を手打ちする。つゆは羅臼昆布と枕崎産のカツオ・ソウダガツオ・サバの本枯節を贅沢に使用。「温」は薄口醤油、「冷」は濃口醤油を使い、一つひとつの材料やつくり方にこだわりを持つのは和食出身ならではだろう　4_店内の様子

七間町通りに雰囲気ある佇まいの蕎麦店がある。春から夏は「はまぐり」、「すだち」、「トマト」、「夏野菜」、「たたみいわしと塩レモン」、秋から冬は「のっぺい」、「けんちん」、「牡蠣みぞれ」などの創作蕎麦を提供。年に一品ほどは新メニューも考案しているそうだ。店の看板メニューとも言えるのが「クレソン蕎麦」。少しピリっとしたクセがある印象がある野菜だが、オリーブオイルをかけることで味がまろやかになり、いくらでもクレソンが食べられる。夏には冷かけの「すだち」もおすすめ。すだち2個を提供直前に薄くスライスし、皮も種もそのままいただこう。加えて3種の本枯節を使っただしがふわっと香り、汁まで全部飲み干したくなるおいしさだ。同じメニューでも常にバージョンアップしているので、次に訪れたときはまた別の感動を味わえるはずだ。

4

3

おすすめメニュー

小天丼セット　1,350円
海老天セイロ　1,800円
くるみだれセイロ　1,050円
黒豚カレー　1,450円

ランチタイムの料金の目安　1,000円〜
ディナータイムの料金の目安　1,000円〜

手打ち蕎麦 一朋

静岡市葵区七間町8-22 AKYビル 1F
054-252-5565
11:30〜15:00（LO14:45）、17:00〜20:30（LO19:30）　※売り切れ次第終了
休土曜、火・水曜夜　Pなし
HPなし
【席数】テーブル16席、カウンター4席
【煙草】全席禁煙
【予約】予約不要　【CARD】不可
【アクセス】JR静岡駅から徒歩13分
【備考】電子決済可

味が違う、香りが違う。在来種そばのせいろ

静岡市葵区　蕎麦心 きりがね

「平日の昼セット」より海老天丼と蕎麦（1700円）。そばの実は味を乗せるために仕入れてから一年寝かせるのがきりがね流。野菜も時期によって最高の状態を吟味する